제자입니까

제자입니까

지은이 | 후안 C. 오르티즈
옮긴이 | 김성웅
초판 발행 | 1985. 5. 15
2판 발행 | 2003. 12. 18
3판 73쇄 발행 | 2025. 2. 12
등록번호 | 제1988-000080호
등록된 곳 | 서울특별시 용산구 서빙고로65길 38
발행처 | 사단법인 두란노서원
영업부 | 2078-3333 FAX | 080-749-3705
출판부 | 2078-3332

책값은 뒤표지에 있습니다.
ISBN 978-89-531-0604-8 03230

독자의 의견을 기다립니다.
tpress@duranno.com www.duranno.com

두란노서원은 바울 사도가 3차 전도 여행 때 에베소에서 성령 받은 제자들을 따로 세워 하나님의 말씀으로 양육
하던 장소입니다. 사도행전 19장 8 - 20절의 정신에 따라 첫째 목회자를 돕는 사역과 평신도를 훈련시키는 사역,
둘째 세계선교™와 문서선교단행본 · 잡지 사역, 셋째 예수문화 및 경배와 찬양 사역, 그리고 가정 · 상담 사역 등을 감
당하고 있습니다. 1980년 12월 22일에 창립된 두란노서원은 주님 오실 때까지 이 사역들을 계속할 것입니다.

제자입니까

후안 카를로스 오르티즈 지음
김성웅 옮김

두란노

제자도는 케케묵은 이론이 아니다

후안 카를로스 오르티즈(Juan Carlos Ortiz)는 대단한 문필가이다. 당신은 「제자입니까」를 통해 현재 남미(Latin America)에서 사역하고 있는 하나님의 겸손한 일꾼 한 사람을 만날 것이다.

후안 카를로스 오르티즈는 또한 신중한 사람이다. 그래서 펜을 함부로 휘두르지 않는다. 그는 이야기하듯이 글을 쓰고, 글을 쓰듯이 이야기한다. 그의 글은 케케묵은 이론이 아니다. 부에노스아이레스의 한 도서관에 있는 오래된 책에서 뽑아 낸 이론과는 전혀 다르다. 그런가 하면, 교회를 고무하는 그의 메시지는 아르헨티나의 수도에서 사역하는 목사로서 겪은 폭넓은 경험이 기초가 된다.

후안 카를로스가 사용하는 예화를 읽다 보면 깊은 생각에 빠질 수도 있고, 때로는 눈물도 흘리게 될 것이다. 어떤 예화는 한바탕 웃음을 터뜨리게도 한다. 「제자입니까」에는 그만큼 다양한 감동이 있다. 따라서 책을 한번 펼쳐 들면 결코 중간에 덮을 수 없을 만큼 매료되고 만다. 물론 후안 카를로스의 신학이나 그의 여러 해석에 전적으로 동의하지 않을 수도 있다. 그렇다고 해서 책을 덮지 말고, 참을성 있게 계속 읽어 나가라. 왜냐하면 하나님께서 남미에서 자기 백성을 통해 이루고 계신 일들을, 형식에 매이지 않고 나누는 후안 카를로스의 진솔함 앞에서 서로 다른 신학적 이견 정도는 곧 별로 중요하지 않게 될 것이기 때문이다.

「제자입니까」의 주제는 형제 사랑, 이웃 사랑, 일체화(一體化)된 사랑 등 '사랑'이다. 여기서 후안 카를로스는 '사랑'보다 앞서 먼저 제자도에 대해 정확히 깨달아야 한다고 이야기한다. 남녀 성도들이 자발적으로 봉사할 수 있도록 또한 교회가 책임지고 양육, 훈련시켜야 한다고 주장한다. 그래서 교회 문제를 집중적으로 다룬다.

나의 친애하는 형제이자 친구인 후안 카를로스의 외침을 남미의 이웃들만 듣지 않게 돼서 정말 기쁘다. 왜냐하면 그는 전 세계 교회가 들어야 할 사실을 외치는 하나님의 사람이기 때문이다.

W. 스탠리 무니험 박사(세계 선교회 회장)

성령께서 나를 깨뜨리기 시작했다

부에노스아이레스의 교회에 부임하던 당시 교인 수는 184명이었다. 그때부터 하나님의 백성을 늘이기 위해 나를 비롯해 여러 교역자들은 정신 없이 일했다. 2년여 뒤, 교인 수는 600여 명을 헤아리게 되었다.

우리 교회의 행정 체제는 어디 내놓아도 손색이 없었다. 교회에는 남녀노소별, 유대인이나 아랍인 등 인종별로 구분된 서식서(form letter)가 비치되어 있었다. 각 사람의 전화번호와 주소를 적은 교적부도 만들었다. 교적부에는 각 사람이 어떤 직종에 종사하는지, 세례를 받았는지 안 받았는지 등 모든 것이 적혀 있었다.

노회 관계자들이 우리 교회 교적부 체제를 높이 평가해 두 번씩이나 집회를 마련했고, 나를 주 강사로 초빙했다. 집회를 통해 우리 교회의 행정 체계를 소개하고 모든 서식서의 견본을 참가자들에게 나누어 주기도 했다.

그렇게 바쁘게 지내는데, 문득 문득 뭔가 잘못되었다는 느낌이 들었다. 하루 16시간이나 일에 몰두할 때는 아무 문제 없이 모두 제대로인 듯했다. 하지만 잠시라도 일 없이 긴장을 풀고 있다 보면 모든 것이 와르르 무너지는 느낌이었다. 뚜렷한 해결책은 없는데, 그런 생각이 자꾸만 들어 괴로웠다.

마침내 모든 것에서 손을 떼기로 결정했다. 우선 당회에 알렸다.

"두 주 정도 기도하러 어딜 좀 다녀와야겠습니다."

그리고는 한적한 곳으로 가서 기도와 묵상에 전념했다.

성령께서 나를 깨뜨리시기 시작했다. 그분의 첫 말씀은 이것이었다.

"너는 유명 음료 회사가 음료를 파는 것과 똑같은 방식으로, 이름난 잡지사가 책을 파는 것과 똑같은 방법으로 복음을 전하고 있다. 학교에서 배운 술수만 쓰고 있을 뿐, 네가 하는 일에는 나의 손길이 전혀 드러나질 않는다."

나는 할 말을 잃었다.

그리고 주님은 두 번째 말씀을 하셨다.

"너는 조금도 자라지 않고 있다. 네 생각에, 네가 교인 수를 200명에서 600명으로 늘렸다고 해서 자랐다고 생각하는 모양인데, 그건 자라는 것이 아니라 살이 쪄 가는 것이다."

·차례

새 포도주

제자란 무엇인가? 제자는 예수 그리스도를 따르는 사람이다. 그러나 그분의 왕국에 속한 그리스도인이라 해서, 누구나 다 제자는 아니다. 그리스도를 따른다는 말은, 그분을 주님으로 모신다는 것이요, 또한 그분을 사랑하고 찬양한다는 뜻을 담고 있다.

'내가' 복음서*

너희는 나를 불러 주여 주여 하면서도 어찌하여 나의 말하는 것을 행치 아니하느냐.

－눅 6:46

　　스페인 말에서 '주'(lord)라는 말은 퍽 재미있는 문제를 안고 있다. 스페인 말로 주는 세뇰(senor)인데, '아무개 씨'(mister) 하고 부를 때 쓰인다. 그래서 스페인 사람들은 세뇰 스미스, 세뇰 윌리엄즈, 그리고 세뇰 예수(주 예수)라고 한다. 영어로 치자면 미스터 스미스, 미스터 윌리엄즈, 미스터 예수라고 하는 것과 같은 말이다.

　　이러한 특징은 '주'(主)로서의 개념을 담지 못한다. 즉 스페인에서는 예수님을 주(세뇰)라고 불러도, 일반적인 아무개 씨 정도의 의미로밖에 통하지 않는 것이다.

　　영어권 사람들은 '아무개 씨'(mister)와 '주'(lord) 두 단어를 구별하

────────────

*이 말은 우리가 알고 있는 성경의 복음서가 아니라, 성경을 자기 나름대로 만들거나 해석해서 다시 만든 복음서라는 의미이다. 이 책에서는 '제5복음서'라고 표현했다. － 역주

여 사용한다. 그런데 좀 더 깊이 들어가 보면, 그들도 스페인 사람들과 똑같은 문제를 안고 있다. 때로는 그다지 존경스럽지 않은 잉글랜드의 경(卿, lord)을 떠올리기 때문인 듯하다.

오늘날 쓰이는 '주'라는 말은 예수님이 이 땅에 계실 때 의미하던 바와는 다르다. 애초에 이 말은 최고의 권세자, 으뜸인 분, 모든 것 위에 뛰어난 분, 만유의 주인이라는 뜻이었다. 소문자로 쓴 헬라어의 '퀴리오스'(주)는 노예들이 자기 주인을 가리킬 때 쓰던 말이다. 그러나 그 말의 첫 글자를 대문자로 쓰면, 로마 제국을 통틀어 오직 한 사람만을 가리키는 말이 되었다. 즉 로마의 가이사가 주님(the lord)이었다. 당시 공무원과 군인은 거리에서 만나면 이렇게 인사를 나누는 게 상례였다.

"가이사가 주님이시오."

"옳소, 주님은 가이사이시오."

하지만 그리스도인들의 인사는 달랐다. "가이사가 주님이시오"라고 인사를 건네면 "아니오, 예수 그리스도께서 주님이시오"라고 대답했던 것이다. 이 일로 인하여 그리스도인들은 곤경에 처했다. 주님이라는 칭호를 못 받은 황제의 질투심 때문이 아니었다. 문제는 훨씬 더 깊은 곳에 있었다. 황제는 그리스도인들이 다른 권세에 복종하고 있다는 것과, 그들의 삶이 자신보다 예수 그리스도께 훨씬 더 많은 비중을 두고 있다는 사실을 알았다.

그리스도인들은 거침없이 말했다.

"황제여, 당신은 우리를 마음대로 할 수 있습니다. 그러나 굳이 선택하라면, 예수님과 함께하겠습니다. 우리는 우리의 삶을 그분께 맡겼습니다. 그분은 으뜸이신 분입니다. 그분은 주님, 우리를 다스리시는 최고의 권세자입니다."

상황이 이러했으니 황제가 그리스도인들을 박해한 것은 하나도 이상한 일이 아니었다.

● 그리스도가 아닌 인간 중심의 복음

성경이 말씀하는 복음은 하나님 나라의 복음이다. 하나님 나라는 예수님이 왕, 주님, 대주재이신 나라이다. 예수님이 이 나라의 중심이시다. 하나님 나라의 복음은 그리스도 중심의 복음이다.

그러나 최근에 우리는 다른 복음, 즉 인간 중심의 복음, 인간적인 복음을 듣고 있다. 이 복음은 염가 판매되는 싸구려 복음이다. 대량으로 살포되는 복음이다. 목사들은 이렇게 외친다.

"여러분, 만일 여러분이 예수님을 영접하면…."

이 말부터 문제다. 예수님이 우리를 영접하시지 우리가 그분을 영접하는 것이 아니다. 예수님의 자리에 사람을 올려놓았기 때문에 이제 사람이 중심이 되었다.

전도자들은 말한다.

"예수님이 당신의 마음의 문을 안타깝게 두드리고 계십니다. 마음 문을 여십시오. 그분이 문밖에서 추위에 떨며 서 계시는 모습을 보지 못합니까? 얼마나 가엾습니까? 그분에게 문을 여십시오."

청중들이 그리스도인이 되기 위해 예수님께 큰 자선을 베풀어야겠다고 생각하는 것도 무리가 아니다.

우리는 사람들에게 이렇게 말해 왔다.

"예수님을 영접하기만 하면 기쁨과 평강, 건강과 풍요를 맛볼 수 있습니다. 또 당신이 예수님께 작은 것을 드리면, 그분이 두 배로 갚아 주실 것입니다."

우리는 항상 스스로가 관심의 대상이 되기를 바란다. 예수님은 '나'를 위해 오신 구세주, 의사, 왕이시다. 우리가 전하는 복음의 중심은 '나'(me)이다.

집회 역시 인간 중심적이다. 교회 안의 가구, 의자, 강단과 탁자조차 사람에게 좋게 배열되어 있다. 목사가 예배 순서를 짤 때도 하나님보다는 성도들을 더 염두에 둔다.

처음 부르는 찬송은 일어서서 부른다. 그러나 두 번째 찬송은 사람들이 피곤해 할까 봐 앉아서 부른다. 그 다음, 분위기를 조금 바꾸기 위해 성가대의 찬양을 듣는다. 이 시간은 딴 짓을 할 수 있는 좋은 기회이다. 그리고 이 모든 순서는 사람들이 너무 지루해 하지 않도록 한 시간 안에 끝나야 한다.

도대체 어디에 예수님, 주님이 계시단 말인가?

〈나 어느 곳에 있든지〉, 〈날 위하여 날 위하여〉, 〈예수 나를 위하여〉

등 찬송가도 인간 중심적이다. 기도 역시 인간이 중심이 된다.

"주여, 당신을 위하여 저의 가정, 남편, 고양이, 개에게 복을 내리시옵소서 아멘."

이런 기도를 어떻게 예수님을 위한 기도라고 할 수 있겠는가? 저마다 말은 '주님을 위하여' 라고 하지만 그 내면에는 자신만 생각하며 스스로를 기만하고 있는 것이다.

● 인간 중심의 기도

우리의 복음은 알라딘의 램프와 같다. 램프를 흔들면 원하는 모든 것을 얻을 수 있다고 생각한다. 칼 마르크스(Karl Marx)가 종교는 대중의 아편이라고 말한 것은 이상한 일이 아니다. 그는 우리의 복음이 사람들에게 일종의 탈출구가 되고 있다는 사실을 간파한 것이다.

그러나 예수 그리스도는 아편이 아니다. 그분은 주님이시다. 우리는 예수님께로 나와서 우리 자신을 그분께 드리고, 주님이 말씀하실 때 그분의 요구를 충족시켜야 한다.

만약 우리 지도자들이 사도들이 당했던 것처럼 성전지기와 제사장들에게 위협을 당했다면, 아마 그들은 이렇게 기도했을 것이다.

"오! 아버지여, 우리에게 자비를 내리소서. 주여, 우리를 도우소서. 베드로와 요한을 긍휼히 여기시고 군사들이 저들을 때리지 못하도록 해 주소서. 우리에게 피할 길을 내소서. 우리로 고난을 당하지 않게 하소서. 그들이 우리에게 무엇을 행하고 있는지 보소서. 오 주여, 그들을 멈추게 하시고 우리에게 어떠한 해도 입히지 못하도록 하소서."

우리에게, 우리는, 나는, 나에게 일색의 기도이다.

그러나 사도행전 4장에 보이는 기도는 정반대였다. 사도들이 얼마나 많이 '당신이'(Thou) 그리고 '당신의'(Thy)라고 기도하는지 주목하라.

"저희가 듣고 일심으로 하나님께 소리를 높여 가로되 대주재여 천지와 바다와 그 가운데 만유를 지은 이시요 또 주의 종 우리 조상 다윗의 입을 의탁하사 성령으로 말씀하시기를 어찌하여 열방이 분노하며 족속들이 허사를 경영하였는고 세상의 군왕들이 나서며 관원들이 함께 모여 주와 그 그리스도를 대적하도다 하신 이로소이다 과연 헤롯과 본디오 빌라도는 이방인과 이스라엘 백성과 합동하여 하나님의 기름부으신 거룩한 종 예수를 거스려 하나님의 권능과 뜻대로 이루려고 예정하신 그것을 행하려고 이 성에 모였나이다 주여 이제도 저희의 위협함을 하감하옵시고 또 종들로 하여금 담대히 하나님의 말씀을 전하게 하여 주옵시며 손을 내밀어 병을 낫게 하옵시고 표적과 기사가 거룩한 종 예수의 이름으로 이루어지게 하옵소서 하더라 빌기를 다하매 모인 곳이 진동하더니 무리가 다 성령이 충만하여 담대히 하나님의 말씀을 전하니라"(행 4:24-31).

기이하게 생각할 것 없다! 하나님 중심의 기도를 드리는 것 외에 다른

어떤 것도 생각할 수 없었다.

몇 마디 말을 문제 삼자는 것이 아니다. 교회 깊이 뿌리 박혀 있는 무서운 자세를 이야기하는 것이다. 말 몇 마디 바꾼다고 해서 될 일이 아니다. 하나님께서 우리 머리를 따로 떼어 내셔서 세척제로 씻고 솔로 문지르신 다음 전과 다르게 붙여 놓으셔야 한다. 그만큼 우리의 가치관을 완전히 바꾸어야 한다는 말이다.

● 인간 중심의 전도

우리는 지구가 우주의 중심이라고 생각한 중세 사람들과 다를 바 없다. 그들이 틀렸듯이 우리도 틀렸다. 마치 우리가 우주의 중심이고, 하나님과 예수 그리스도 그리고 천사들이 모두 우리 주위를 돈다고 생각한다. 하늘도 우리를 위해 있다. 모든 것이 우리를 위해 존재한다. 하지만 알지 않는가? 하나님이 중심이심을…. 구심점을 바꿔야 한다. 그분이 태양이시고 우리는 그분 주위를 도는 행성에 지나지 않음을 마음에 새겨야 한다.

하지만 변화가 쉽지 않다. 심지어 전도하는 동기조차 너무나 인간 중심적이기 때문이다. 교회 학교에서 여러 번 이런 말을 들었던 기억이 난다.

"학생들, 저 잃어버린 영혼들을 보십시오. 그들은 망해 가고 있습니다. 불쌍한 사람들이 지옥으로 갈 것입니다. 시계 종이 울릴 때마다 수많은 사람들이 지옥으로 떨어집니다. 여러분은 그들에게 미안하지 않습니까?"

그러면 우리는 울었고, 이어서 외치듯 말했다.

"가엾은 사람들! 가서 그들을 구하자."

이처럼 예수님을 위해서가 아니라 잃어버린 영혼을 위해서 전도했다.

이런 전도가 갸륵하게 보일 수도 있다. 하지만 엄격히 말해 틀린 것이다. 왜냐하면 모든 것은 '예수님 때문에'(Christ-motivated) 해야 하기 때문이다. 우리는 잃어버린 영혼들에게 전도하지 않는다. 그들은 잃어버린 자들이기 때문이다. 우리는 하나님께서 '당신이 주님이시다'라고 말씀하시니까 하나님의 나라를 전파하는 것이다.

● 제5복음서

나는 오늘날 사람들이 머릿속에 생각하는 복음을 제5의 복음서라고 부른다. 우리에게는 마태, 마가, 누가, 요한 그리고 '복음주의자들(evangelicals)의 복음서'가 있다. 복음주의자들의 복음서는 사복음서의 여기저기서 몇 구절씩을 뽑아 만든 것이다. 저마다 자기가 좋아하는, 자신에게 무엇인가 제공하고 약속하는 몇몇 구절을 뽑아낸다. 그리고 이 구절들을 바탕으로 조직 신학을 만든다. 그러는 사이 예수 그리스도의 요구에 대해 말하는 구절들은 잊어버리는 것이다.

대체 누가 이렇게 해도 좋다고 했는가? 예수님의 한 면만 부각시켜도 된다고 말한 사람이 누구인가? 결혼식에서 혼인 서약 시간이 되었다. 신랑이 '목사님, 저는 이 여자를 저의 요리사로, 혹은 접시닦이로 받아들입니다' 라고 말한다고 가정해 보라. 이 무슨 얼토당토않은 말인가?

신부는 이렇게 말할 것이다.

"잠깐만 기다리세요. 저는 밥도 짓고 설거지도 하고 집안 청소도 할 것입니다. 하지만 저는 가정부는 아니랍니다. 저는 당신의 아내가 되려는 것이지요. 당신은 저에게 당신의 애정과 마음과 가정과 재능, 즉 모든 것을 주셔야 합니다."

예수님에게 있어서도 그렇다. 그분이 우리의 구세주, 의사이시라는 말은 옳다. 그러나 예수님을 여러 토막으로 내서 그 가운데 우리가 가장 좋아하는 토막만 집어 들 수는 없다. 우리는 잼이 발린 빵을 가진 아이들과 같다. 아이들은 잼을 먹어 치우고는 잼을 더 달라고 빵을 내민다. 잼을 더 발라 주지만, 아이들은 또 잼만 먹고 빵을 다시 내민다. 주 예수님은 생명의 빵이시고, 천국은 잼에 비교될 수 있을 것이다. 우리는 잼뿐 아니라 빵도 먹어야 한다.

어떤 큰 신학 단체가 천국, 혹은 지옥은 존재하지 않는다고 결론 내리려 한다면, 사람들은 복음에 대해 시큰둥해 하지 않겠는가? 천국 혹은 지옥이 없다는 선언이 발표된 후에, 과연 몇 사람이나 교회에 남겠는가? 대부분의 사람들은 교회를 떠날 것이다.

"천국, 혹은 지옥이 없다면 무엇하러 교회에 오겠는가?"

그들은 잼만 먹기 위해, 자기 이익을 위해, 즉 병 고침을 받으며 지옥에 떨어지지 않고 천국에 가기 위해서만 교회에 나왔다. 그들은 제5의 복음서를 따르는 것이다.

성령 강림일에 사람들에게 전하기를 마치면서 베드로는 이 사실을 분명히 밝혔다.

"이스라엘 온 집이 정녕 알지니 너희가 십자가에 못 박은 이 예수를 하나님이 주와 그리스도가 되게 하셨느니라"(행 2:36).

이것이 그의 설교 주제였다.

예수님이 진정 주님이심을 아는 사람들은 '마음의 찔림을' 받고(37절) 근심하기 시작했다. 그들은 물었다.

"형제들아, 우리가 어찌할꼬?"

베드로는 대답했다.

"각각 예수 그리스도의 이름으로 세례를 받고 죄사함을 얻으라 그리하면 성령을 선물로 받으리니"(38절).

바울의 복음은 로마서 10장 9절의 "네가 만일 네 입으로 예수를 주라 시인하며 또 하나님께서 그를 죽은 자 가운데서 살리신 것을 네 마음에 믿으면 구원을 얻으리니"로 요약될 수 있다. 그분은 주님이시다. 그분은 단지 우리의 구원자만은 아니시다.

제5복음서에 관한 한 가지 예를 들겠다. 누가복음 12장 32절은 "적은 무리여 무서워 말라 너희 아버지께서 그 나라를 너희에게 주시기를 기뻐하시느니라"고 말씀한다. 그렇다. 이 구절은 우리 귀에 익은 구절이다. 나도 이 구절로 여러 번 설교했다.

그러나 다음 구절은 무엇이라고 말씀하는가? "너희 소유를 팔아 구제하라." 그런데 이 절을 본문으로 삼아 설교하는 것은 별로 들어 보지 못했다. 왜냐하면 이 절은 복음주의자들의 복음서에 기록된 구절이 아니기 때문이다. 32절은 제5복음서에 포함되고, 33절은 포함되지 않는다. 그러나 이 절에도 엄연히 예수님의 명령이 담겨 있다.

예수님은 살인하지 말라고 명령하셨다. 또 이웃을 사랑하라고 명령하셨다. 마찬가지로 우리의 소유를 팔아 구제하라고 명령하셨다. 어느 누구라고 해서 어떤 계명은 의무적으로 지켜야 하고, 또 어떤 계명은 선택적으로 지켜도 된다고 말할 수 있단 말인가?

그러나 보라. 제5복음서는 선택적인 계명 준수라는 해괴한 것을 만들어 놓았다. 계명을 지키고 싶거들랑 지켜라. 또한 지키기 싫으면 지키지 않아도 무방하다고 말한다. 다시 말하지만, 이것은 하나님 나라의 복음이 아니다.

Disciple

하나님 나라의 복음

수고하고 무거운 짐진 자들아 다 내게로 오라 내가 너희를 쉬게 하리라 나는 마음이

온유하고 겸손하니 나의 멍에를 메고 내게 배우라 그러면 너희 마음이 쉼을 얻으리니….

– 마 11:28-29

앞의 구절, 즉 28절은 좋아하지만, "나의 멍에를 메라"는 예수님의 말씀은 그렇게 좋아하지 않는다.

'구원'이란 무거운 짐과 문제로부터 해방되는 것만 의미하지는 않는다. 물론 구원받은 우리는 무거운 짐과 문제로부터 자유로워진다. 하지만 이것을 대신하는 멍에, 즉 예수님의 멍에를 져야 한다. 그분은 당신의 나라를 위해 우리를 쓰시려고 우리의 옛 짐들을 모두 벗겨 주신다. 예수님은 우리에게 당신의 문제를 안게 하시려고 우리가 가진 문제를 해결하시는 것이다. 이제 우리는 자기를 위해서가 아니라 왕을 위해서 산다.

제5복음서는 우리가 밑줄 그은 모든 구절들로 구성된 복음서라고 말할 수 있다. 만약 하나님 나라의 복음을 대하기 원한다면, 성경을 펼쳐서 밑줄이 그어져 있지 않은 구절들을 읽어라. 왜냐하면 그 구절들이야말로 우리에게 필요한 진리이기 때문이다. 나는 이제 더 이상 성경에 밑줄을 긋지 않는다. 밑줄을 그으면 성구들이 중요한 성구와 보다 덜 중요한 성구들로 나뉘기 때문이다. 모든 성구는 다 중요하다.

● 선택권은 예수님께 있다

구약 성경에서, 예수님은 곧 오실 주님과 왕으로 항상 묘사되었다. 그분은 모세와 다윗, 혹은 천사보다 큰 분이시다. 다윗도 그분을 일컬어 '나의 주'(시 110:1)라고 했다.

예수님은 당신 자신을 삭개오에게 어떻게 소개하셨는가? 만일 예수님이 아니라 20세기에 사는 목사들 가운데 한 사람이 삭개오에게 접근하려고 했다면 그는 이런 식으로 했을 것이다.

"당신이 삭개오 씨입니까? 만나서 반갑습니다."

"아, 예 만나게 돼서 정말 반갑습니다."

"삭개오 씨, 선생께 몇 말씀 드리고 싶습니다. 바쁘신 줄 압니다만 시간을 내 약속을 정하셨으면 좋겠습니다. 언제가 좋으시겠습니까?"

이렇게 하면 삭개오에게 선택의 여지를 남기는 것이 된다. 삭개오는 이렇게 말할 것이다.

"중요한 말씀입니까?"

"글쎄요, 선생께서는 어떻게 생각하실지 모르지만 제 생각에는 굉장히 중요한 일입니다."

"어디 봅시다. 이번 주에는 안 되겠고 다음 주쯤이면 되겠습니다."

그러나 예수님은 이렇게 하지 않으셨다. 나무를 올려 보시고 이렇게 명령하셨다.

"삭개오야 속히 내려오라. 내가 오늘 네 집에 유하여야 하겠다."

주님은 사람들에게 선택권을 주지 않는다. 구원은 선택이 아니라 명령이기 때문이다.

이제 삭개오는 이 명령에 어떻게 반응할 것인지 선택해야 했다(예수님이 "나와 함께 하지 않는 자는 나를 대적하는 자이다"라고 말씀하신 것을 기이하게 여기지 말라. 그분은 사람을 이 길 혹은 저 길로 몰아붙이신다). 명령을 따른다 함은 예수님이 권세자요 주님이심을 인정한다는 뜻이다. 삭개오가 명령을 거역했다면, 그는 예수님의 대적이 되었을 것이다. 그는 명령을 따르기로 결정하였다. 그는 재빨리 나무에서 내려와 예수님과 사도들을 자기 집으로 영접했다.

집 안으로 들어서자마자 삭개오는 말했다.

"여보, 이 손님들을 위해서 음식을 좀 준비해 주구려."

그의 아내는 아마 이렇게 대꾸하였을 것이다.

"여보, 점심 식사에 사람들을 초대한다고 왜 미리 말씀하지 않으셨어요?"

"그들을 초대한 게 아니오. 스스로 찾아왔을 따름이오!"

예수님은 어떠한 초대도 필요하지 않으신 분이다. 왜냐하면 그분이 모든 가정과 사람들의 주님이시기 때문이다.

잠시 후에 예수님은 말씀하셨다.

"오늘 구원이 이 집에 이르렀다."

언제 삭개오가 구원받았는가? 아무도 구원이 무엇인지 설명하지 않았다. 그 누구도 삭개오에게 사영리를 말하지 않았다. 그런데 도대체 언제 삭개오가 구원받았는가? 그가 주님께 '순종' 하였을 때다. 그가 나무에서 내려온 순간, 그는 자기 자신을 예수 그리스도의 주 되심(lordship) 아래 복종시켰다.

같은 일이 마태에게도 일어났다. 그는 세리였다. 예수님은 마태에게 한가한 시간이 나기까지 기다리지 않았다.

"안녕하시오, 내가 예수요. 당신을 만나 참 반갑소. 당신이 매우 바쁘다는 것을 잘 알고 있소. 아, 내 여기서 기다리리다."

아니다. 이렇게 하면 마태에게 예수님을 살펴볼 것인지 아닌지 결정하는 선택권을 주게 되는 것이다. 예수님은 단호히 말씀하셨다.

"마태여, 나를 따르라!"

초대가 아니라 명령하셨다. 마태는 순종하든지 아니면 거역하든지 해야 했다. "회개하고 믿으라!" 이것이 하나님 나라의 복음이다. 당신은 이렇게 하든지 하지 않든지 둘 중 하나를 해야 할 것이다.

젊은 부자 관원에게도 같은 일이 일어났다. 그가 예수님께 물었다.

"선한 선생님이여 내가 무엇을 하여야 영생을 얻으리이까"(눅 18:18).

예수님이 명령하셨다.

"네가 오히려 한 가지 부족한 것이 있으니 네게 있는 것을 다 팔아… 그리고 와서 나를 좇으라"(22절).

애석하게도 이 젊은이는 집으로 돌아갔다.

우리라면 부자 관원에게 어떻게 했겠는가? 그에게로 달려가서 이렇게 말했을 것이다.

"이보게 젊은이, 너무 심각하게 생각하지 말게. 그냥 전과 같이 따라오면 되지 않겠나. 자네를 위해 타협안을 만들어 봄세."

이렇게 하면 물론 그는 예수님을 따르게 될 것이다. 하지만 그건 자기 방식대로 예수님을 따르는 것에 지나지 않는다.

예수님은 그를 사랑하셨음에도 불구하고 가도록 내버려 두셨다. 만약 예수님이 좀 적당한 선에서 요구하셨다면, 이 젊은이는 결코 자기 자신으로부터 진정 구원받지 못하였을 것이다.

이전에 예수님은 어떤 한 사람에게 당신을 따르라고 명령하셨다. 그러자 그가 말했다.

"나로 먼저 가서 내 부친을 장사하게 허락하옵소서"(눅 9:59).

우리 같으면 이렇게 말했을 것이다.

"물론이지요. 하필이면 이런 때 당신을 부르게 된 것을 용서하십시오.

참 안되셨습니다. 정말 송구스럽습니다. 장사를 지내려면 이틀이나 사흘은 걸려야 할 겁니다."

예수님은 달랐다. 다른 사람에게 부탁하라고 말씀하셨다. 예수님께는 그 사람이 죽은 아버지나 다른 어떤 사람보다도 더 중요했기 때문이다. 그는 예수님을 따르기로 하였지만, '나로 먼저 가서…' 라는 단서를 붙였다. 예수님 말고 누가 또 우선될 수 있는가? 이 사람 역시 자기 방식으로 예수님을 따르기 원했던 것이다. 그러나 예수님은 말씀하신다.

"아니다. 너는 내 방식대로 나를 따라야 한다."

물론 예수님은 그를 보내 아버지를 장사하게 하실 수도 있었다. 그러나 이것은 한 가지 철칙이 걸린 문제였다.

또 다른 사람이 말했다.

"내가 주를 좇겠나이다마는 나로 먼저 내 가족을 작별케 하소서"(눅 9:61).

예수님은 이렇게 말씀하실 수 있었다.

"좋다. 가서 가족들과 저녁을 나눠라. 그리고 네가 나를 좇을 수 있도록 허락한 네 식구들에게 감사의 뜻을 전하라."

그러나 예수님은 결코 선택의 여지를 남기지 않으셨다.

● 구원은 명령이다

어떤 특정한 교리나 공인된 사실에 동조한다고 해서 구원받는 것이 아니다. 하나님의 말씀에 순종함으로써 구원받는다. 예수님은 초지 일 관 '나를 따르라' 고 말씀하신다. 어디서, 얼마만큼 우리에게 보상해 주시겠다고 말씀하시지 않는다. 그분은 단지 명령하실 뿐이다.

구원은 명령이다. 하나님은 모든 사람이 죄를 지었기 때문에 모든 사람이 구원받기를 원하신다. 그래서 우리에게 회개하라고 명령하신다. 만일 회개하지 않는다면, 하나님께 불순종하는 것이다. 회개하지 않는 사람들에게 형벌이 있는 것은 이 때문이다. 만약 회개하라는 것이 일종의 권유일 뿐이라면 형벌은 따를 이유가 없다.

누군가 내게 이렇게 말한다고 가정해 보자.

"후안 카를로스 씨, 케이크 한 조각 드시겠어요?"

"아니오, 별로 생각이 없습니다."

그때 그가 나에게 주먹을 날린다.

"왜 나를 때리십니까?"

"당신이 케이크를 먹지 않아서요."

"당신은 나에게 먹어 보라고 권했을 뿐인데 내가 왜 맞아야 합니까?"

회개는 명령이지 권유가 아니다. 그렇지 않다면, 예수님은 회개하기를 거부하는 자들에게 벌을 내리셔서는 안 된다.

만일 예수님이 그 젊은 관원에게 소유를 팔지 않고도 당신을 따르게 하셨다면, 그는 응석받이 제자가 되었을 것이다. 예수님이 무엇을 하라고 명하실 때마다 그는 속으로 중얼거릴 것이다. "이 일을 할까, 말까?" 우리들이 제5복음서를 설교해 온 까닭에 오늘날 교회 안에는 이러한 부류의 사람들이 존재한다.

구원은 복종(submission)이다. 그리스도께 무릎 꿇는 것이다. 속량이나 중보의 의미는 모를 수도 있으나, 주님께 복종한다는 것이 무엇을 의미하는지는 알 것이다. 주님께 복종하면 그분 나라의 시민이 된다. 그분의 보호하심으로 안위함을 받는다.

● 먼저 그의 나라와 의를 구하라

주기도문 가운데 다음 문구는 무엇을 의미하는가?

"(당신의) 나라이 임하옵시며 뜻이 하늘에서 이루어진 것같이 땅에서도 이루어지이다."

이 말은 지금껏 내가 앉아 있던 내 삶의 보좌에서 내려와 그분이 보좌에 앉으시게 해야 한다는 뜻이다. 예수님을 만나기 전에 내 인생의 주관자는 바로 나였다. 그러나 그분을 만난 후로는 그분이 주관자가 되신다.

"(당신의) 뜻이 이 땅에서도 이루어지이다."

내일 또는 오는 세대를 위한 기도가 아니라, 지금 이곳을 위한 기도이다. 그런데 오늘날의 목사들은 하나님 나라의 복음을 희석시켰을 뿐 아니라, 그것을 편리한 할부금제로 판매하고 있다. 마치 자동차를 구입하는 것과 같다. 10달러만 있으면 차 한 대를 살 수 있다. 그러나 그 다음부터 당신은 달마다 차 값을 지불해야 한다.

어쩌면 우리도 자동차를 팔 듯이 복음을 팔려고 하는지 모른다. 우리는 이렇게 외친다.

"구원받기를 원하십니까? 그러면 손만 드십시오. 이제 됐습니다."

되기는 무엇이 됐다는 이야기인가? 손을 드는 것은 보증금 같은 것이다. 얼마 후에 누군가가 이런 말을 할 것이다.

"세례에 대해서 알고 계십니까? 저희 교회에서 곧 세례 의식이 있습니다. 세례식은 아주 따스한 봄날 있을 예정이고, 더운물도 준비할 것입니다. 자, 세례를 받기 원하는 분이 있습니까?"

이것이 두 번째 불입금이다.

그런데 만약 누가 "저는 세례식 같은 것에는 정말이지 마음이 끌리지 않습니다"라고 말했다면, 우리는 "좋습니다. 신경 쓰지 마십시오. 세례받고 싶은 마음이 들 때까지 기다리셔도 됩니다"라고 말할 것이다. 이것은 초대 교회에서 선포되던 메시지가 아니다. 초대 교회 성도들은 "회개하고 세례를 받으라"고 외쳤다. 명령이지 선택의 문제가 아니었다.

한참 뒤에 또 다른 불입금을 넣어야 할 때가 온다.

"형제들이여, 우리는 교회에서 행하는 모든 일들을 도와야 합니다. 그래서 십일조를 드리는 것입니다. 말이 주는 느낌처럼 십일조가 그렇게 나쁜 것은 아닙니다. 왜냐하면 십일조를 드리고 난 나머지 아홉이 드리기 전의 열보다 더 많아질 것이기 때문입니다. 하나님께서 여러분에게 물질의 축복을 부어 주실 것입니다.”

역시 인간 중심의 복음이다. 이러한 말과 행동은 가끔씩 사람들에게 참된 하나님 나라의 복음에 반감을 갖게 한다. 그러면서 그토록 목청 높여 외치는 데 왜 사람들에게 파고 들어가지 못하는지 의아해 한다.

예수께서는 말씀하셨다.

“너희는 먼저 그의 나라와 그의 의를 구하라 그리하면 이 모든 것을 너희에게 더하시리라”(마 6:33).

모든 것이란 무엇을 의미하는가? 문맥으로 보아 음식, 옷, 집, 생활 필수품 등이 분명하다. 사람들은 자주 주님께 이렇게 구한다. “더 좋은 직장을 주십시오.” “주님 제게 이것, 저것들을 주십시오.” 만일 그들이 이러한 것들을 구하려고 한다면, 그것만을 구해서는 안 된다. 그들이 이러한 것들을 얻지 못하는 이유는, 그들이 하나님의 나라를 먼저 구하지 않기 때문이다.

하나님은 당신의 나라를 구하는 자들에게 이 모든 것을 주시겠다고 약속하셨다. 내가 해야 할 일이란 그분의 나라를 구하는 것이다. 그리고 내 주위를 돌아볼 때 이러한 말이 나오게 될 것이다.

“음식, 옷, 집, 생필품 등 이 모든 것들이 나에게 더해진 것 같아.”

만일 외계인이 이 땅에 와서 그리스도인들의 생활상을 본다면 그 외계인은 예수님이 이렇게 말씀하신 것으로 여길 것이다.

“너희는 먼저 무엇을 먹을까, 무엇을 입을까, 어떤 집을 살까, 어떤 차를 탈까, 어떤 직업을 택할까, 누구와 결혼할까를 구하라. 그리고 시간이 남는다면, 또 너무 힘들지 않다면 하나님 나라를 위해 무엇인가를 하라."

언젠가 한 남자에게 물었다.

"왜 일하십니까?"

"글쎄요, 먹기 위해서겠지요. 일하지 않는다면 먹을 수 없지 않습니까?"

"그러면 왜 먹지요?"

"그야 일할 힘을 얻기 위해서이지요."

"그러면 왜 다시 일합니까?"

"먹기 위해 일하고, 또 일하기 위해서 먹고⋯."

이것은 삶이 아니다. 그저 숨만 쉬는 것일 뿐이다. 이러한 인생에는 아무런 목적도 없다.

어느 날 나는 깨달았다. 내 인생의 목적은 그분의 나라를 확장하는 것이라는 사실을 말이다. 예수님은 말씀하셨다. "하늘과 땅의 모든 권세를 내게 주셨다"(마 28:18). 그분은 하나님을 위하여 전 우주를 정복하셔야 한다. 아버지께서 그에게 말씀하셨다.

"아들아, 내 원수들에 대해서 더 이상 신경 쓰지 않겠다. 네가 내 대신 그들을 알아서 해라. 모든 원수들이 네 발 아래 무릎 꿇을 때까지 네가 다스릴 것이다. 그때 다시 이야기하도록 하자."

예수님은 이 땅에 오셔서 제자들에게 이렇게 이르셨다.

"나는 하나님 군대의 사령관이다. 나는 아버지를 위해 이 우주를 정복해야만 한다. 하지만 너희들에게 이곳을 맡긴다. 이제 너희들은 세상으로 가서 어디에서나 제자를 삼아 세례를 주고, 내가 명령한 것들을 모두 지키도록 그들을 가르쳐라. 그러면 나는 다른 세상을 정복하러 갈 것이다. 잘 있거라. 내가 맡긴 일을 잘 행하라."

이런 이유로 나는 모든 면에서 하나님께 속한 것들을 되찾아야 한다. 이 일을 위해서 먹어야 하고, 먹기 위해서는 일해야 한다. 그러나 먹고 일하는 것의 목적은 주님 나라를 확장시키는 데 있다.

이 말은 내 가치관이 바뀌어야 한다는 말이기도 하다. 나는 학위를 따기 위해 대학에서 공부하지 않는다. 하나님 나라의 사업을 하기 위해 그리스도의 나라의 일원으로서 대학에 있는 것이다. 그러다 보면 학위를 따게 된다.

생활비를 벌 목적으로 포드(Ford) 자동차 회사에 다니지 않는다. 내가 일하는 이유는 하나님께서 현지 고용인을 필요로 하시니까 일하는 것이다. 그분은 자신을 위해 포드 회사를 정복할 자신의 군사를 필요로 하신다. 그리고 포드 회장은 자기도 모르는 사이 나의 정복 사업을 후원하는 셈이 된다. 나의 유일한 주님은 예수 그리스도이시다.

그분이 나에게 주님이 아닌 다른 어떤 분이시라면, 나는 주님이라는 호칭을 쓰지 말아야 한다. 왜냐하면 예수님이 이렇게 말씀하시기 때문이다.

"너희는 나를 불러 주여 주여 하면서도 어찌하여 나의 말하는 것을 행치 아니하느냐."

하나님 나라의 종들

너희 중에 뉘게 밭을 갈거나 양을 치거나 하는 종이 있어 밭에서 돌아오면

저더러 곧 와 앉아서 먹으라 할 자가 있느냐 도리어 저더러 내 먹을 것을 예비하고

띠를 띠고 나의 먹고 마시는 동안에 수종들고 너는 그 후에 먹고 마시라

하지 않겠느냐 명한 대로 하였다고 종에게 사례하겠느냐. -눅 17:7-9

1장 2장에서 주님(주인)이란 무엇인지 살펴보았다. 이제는 종에 대해 살펴볼 차례이다.

위 성경말씀에서, 예수님은 '노예'(slave)라는 말의 참 뜻을 아는 사람들에게 말씀하고 계신다. 그러나 오늘날 우리 주변에는 그런 사람들이 없다. 가장 가깝게 비교하자면, 임금을 받고 일하고, 임금 문제에 있어서 확고한 계약 관계를 맺고 있으며, 조합에 속해 있는 하인이나 하녀에게 비교할 수 있을 것이다.

그러나 주후 1세기의 종은 진짜 노예로, 이 세상에서 아무런 권리도 갖지 못한 사람들이었다. 그들은 자유, 자기 자신의 의지, 심지어는 이

름까지 빼앗겼다. 동물처럼 시장에서 매매되었다. 가격표를 목에 걸고 있으면 사람들이 흥정하였다. 마침내 누군가가 사서 자기 집으로 데려 간다. 그리고 귀를 뚫어 주인의 이름이 새겨진 귀고리를 건다. 그 순간 노예의 이름은 사라진다. 그는 더 이상 요한, 또는 베드로가 아니라 존 슨 씨, 혹은 브라운 씨의 노예인 것이다.

아무리 열심히 일해도 노예에게는 대가가 없었다. 또한 어떤 자유도 허락되지 않았기에 만약 주인이 여섯 시에 일어나라고 하면, 반드시 여 섯 시에 일어나야 한다. 또 주인이 한밤중에 무엇을 시키려고 하면, 아 무리 졸리고 피곤해도 그것을 해야 했다.

그렇기 때문에 예수님이 '종에게 어서 와서 먹으라'고 청하는 주인의 이야기를 하셨을 때, 제자들은 웃음을 터뜨렸다. 왜냐하면 누구도 그렇 게 하지 않기 때문이다. 노예는 항상 주인을 먼저 살펴 드려야 한다. 밖 에서 돌아온 노예는 몸을 씻고 옷을 갈아입은 다음, 음식을 장만해서 주 인께 차려 드려야 한다. 그리고 주인이 식사를 마치고 잠자리에 든 뒤에 야 남은 음식을 먹을 수 있다.

예수님이 "명한 대로 하였다고 종에게 사례하겠느냐?"라고 물으시자, 사람들은 "그렇지 않습니다"라고 대답하였다.

이제 예수님은 결론을 내리신다.

"이와 같이 너희도 명령받은 것을 다 행한 후에 이르기를 우리는 무익 한 종이라 우리의 하여야 할 일을 한 것뿐이라 할지니라"(눅 17:10).

● 예수님이 값으로 산 사람들

짐작하건대, 아마도 이 말씀이 썩 듣기 좋지는 않을 것이다. 그러나 이 말씀, 곧 우리는 예수 그리스도의 노예들이라는 말씀은 참되다. 주님이 우리를 사셨다. 이 점을 정확하게 깨달은 바울은 다음과 같이 썼다.

"우리 중에 누구든지 자기를 위하여 사는 자가 없고 자기를 위하여 죽는 자도 없도다 우리가 살아도 주를 위하여 살고 죽어도 주를 위하여 죽나니 그러므로 사나 죽으나 우리가 주의 것이로라 이를 위하여 그리스도께서 죽었다가 다시 살으셨으니 곧 죽은 자와 산 자의 주가 되려 하심이니라"(롬 14:7-9).

예수님이 우리 죄를 위해 죽으셨다는 말을 자주 듣는다. 그러나 이것은 우리 편에서 하는 말이다. 그분이 죽으시고 다시 사신 이유는 바울의 말을 빌리자면, 노예 된 우리 모두의 주가 되시려는 것이다. 바울은 이것을 고린도후서 5장 15절에서 너무나 절묘하게 설명하고 있다.

"저가 모든 사람을 대신하여 죽으심은 산 자들로 하여금 다시는 저희 자신을 위하여 살지 않고 오직 저희를 대신하여 죽었다가 다신 사신 자를 위하여 살게 하려 함이니라."

그렇다. 우리는 값으로 산 사람들이다. 이런 이유 때문에 신약 성경은 '그리스도 예수의 종 바울', '하나님과 주 예수 그리스도의 종 야고보', '예수 그리스도의 종이요 사도인 베드로'라고 기록한다. 또한 마리아조차 자신을 '주의 계집종'이라고 불렀다(눅 1:38).

주인이 발견하기 전까지 우리는 잃은 바 된 자들이었고, 영원한 멸망을 향해 가는 자들이었다. 그러나 또 다른 진리에 귀 기울여 보라. 우리는 여전히 팔린 자들이다. 전에는 죄와 사단의 손에 팔렸다. 그러나 이제는 예수님의 손에 넘겨진 자들이 되었다.

많은 사람들은 구원이란 자유롭게 되는 것이라고 생각한다. "오, 주님을 찬양하세. 나는 이제 자유를 얻었도다. 자유를!" 그러나 꼭 그런 것만은 아니다. "죄에게서 해방되어 의에게 종이 되었느니라"(롬 6:18).

보라. 세상에는 두 주인이 있고, 그 주인들은 각기 왕국을 가지고 있다. 우리는 어둠의 나라에서 태어났다. 우리는 자기만 아는 나라의 시민이다. 이 나라에서는 사람들이 자기 자신의 뜻만을 행한다. 사단은 사람들의 이기심 즉 '육체의 욕심, 육체와 마음이 원하는 것'(엡 2:3)으로 자기 나라를 이끌어 간다.

지금껏 우리 좋은 대로만 살고, 우리 뜻대로 행하였다. 그 결과 어떻게 되었는가? 어둠의 나라는 마치 좌초된 배와 같이 빠른 속도로 가라앉고 있다. 배가 가라앉을 것을 아는 선장은 승객들에게 선심 쓰듯 말한다.

"이등 객실에 계신 여러분은 일등실로 가셔도 됩니다. 그리고 무엇이든지 마음대로 하십시오. 술을 드실 분은 바(bar)에서 마음껏 드십시오. 술 값은 받지 않습니다. 만찬실에서 축구를 하고 싶으신 분은 그렇게 하십시오. 전등을 깨뜨리면 어떻게 하느냐고요? 걱정 마십시오."

영문 모르는 승객들은 선장을 칭찬할 것이다.

"멋진 선장이야! 우리는 이 배에서 하고 싶은 대로 다 할 수 있어."

그러나 몇 분 뒤면 그들은 모두 죽고 만다.

어둠의 나라에서는 원하기만 하면 마약이나 정욕, 거짓을 다 손에 넣을 수 있다. 그러나 당신은 팔린 자이다. 그런데도 스스로 왕이라고 생각한다. 하지만 당신은 당신 나라의 이기적인 영에 이끌려 다니다 결국 멸망에 이를 뿐이다.

● 예수 그리스도의 지배 아래로

구원이란 무엇인가? 구원이란 "흑암의 권세에서 건져 내사 그의 사랑의 아들의 나라로 옮기워지는"(골 1:13) 것이다. 흑암과 아들의 나라, 이렇게 두 나라 모두에서 자유로워진 것이 아니다. 구원은, 사단의 지배에서 벗어나 예수 그리스도의 지배 아래로 옮겨지는 것을 말한다.

새 나라에서는 당신이 좋아하는 것이라고 해서 무엇이든 다 할 수는 없다. 당신은 하나님 나라의 일원일 뿐, 왕은 오직 하나님 한 분뿐이다. 그분이 다스리시고, 우리는 그분의 계획과 소원을 따라 산다.

어떤 사람들은 하나님 나라의 백성으로 구별되는 특징(distinctives)은 고작 담배 안 피우고, 술 안 마시는 정도면 된다고 생각한다. 아주 위험한 생각이다. 하나님의 나라에서는 하나님께서 말씀하시는 모든 것을 행해야 한다. 그분이 그 나라의 주님이시기 때문이다.

사망에서 생명으로, 한 나라에서 다른 한 나라로 옮겨진 사람들의 간증을 들어 보자.

"예수님을 만나기 전에는 제 인생을 살았습니다. 그러나 그분을 만난 이후부터 그분이 다스리십니다."

어떤 사람들은 그 구별이 칼로 자르듯이 분명하지 않았으면 하고 바라기도 한다. 그들은 두 가지가 아니라, 세 가지 길이 있는 양 생각하고 산다. 넓은 길은 지옥으로 향하는 죄인들의 길이요, 좁은 길은 목사들과 선교사들을 위한 길이다. 그리고 또 하나는 그렇게 넓지도 않고 그렇게 좁지도 않은, 나머지 신자들을 위한 중간 길이다. 물론 성경에는 나오지 않는 길이다. 그런데 현대인들의 책에는 이런 길이 있다.

기억하라! 우리에게는 두 가지 가능성만이 있다. 흑암의 나라에서 자신의 뜻을 행하든지, 하나님의 나라에서 그분의 뜻을 행하든지 둘 가운데 하나이다. 이 둘 사이에는 아주 작은 틈도 존재하지 않는다.

사실, 한 나라에서 다른 나라로 옮긴다는 것은 매우 어려운 일이다. 두 나라 사이를 통과하는 데는 여권도 입국 사증도 없다. 우리를 잡고 있는 것은 '죄'이다. 우리는 이 죄로부터 떨어져 나올 수 없다. 어떤 노예도 스스로의 힘으로는 죄에서 벗어날 수 없다. 노예 신분에서 벗어나는 유일한 길은 죽는 것이다. 왜 미국의 흑인 노예들이 그렇게 많이 천국을 노래하였는가? 천국이 자유에 대한 그들의 유일한 희망이었던 것이다. 이처럼 우리도 죽어야만 비로소 자유로워질 수 있다.

그런데 여기에 또 다른 문제가 있다. 하나님의 나라는 타국 시민을 받아들이지 않는다는 것이다. 하나님의 나라에서 태어나야 한다. 이것은 미국의 이민법과 비슷하다. 내가 미국의 이민국 관리에게 가서 이렇게 말한다고 하자.

"저는 미국인이 되고 싶습니다."

관리가 나에게 물을 것이다.

"어디에서 태어나셨습니까?"

"아르헨티나의 부에노스아이레스에서 태어났습니다."

"그렇다면 미국인이 되실 수 없습니다. 왜냐하면 모든 미국인은 미국 영토에서 태어난 사람을 말하기 때문입니다."

"오, 선생님, 저는 진짜로 미국인이 되고 싶습니다."

"어디서 태어나셨습니까?"

"부에노스아이레스입니다."

"그것 보십시오. 제가 바로 전에 미국인이 되는 유일한 길은 미국에서 태어나는 것이라고 말씀 드리지 않았습니까."

"무슨 방법이 없을까요? 나는 정말 미국인이 되고 싶습니다."

"글쎄요, 당신이 할 수 있는 유일한 일은 죽어서 다시 태어나는 일 뿐입니다. 그런데 이번에는 꼭 미국에서 태어나야 합니다. 방문객이나 체류자는 받아들이지 않거든요. 반드시 이 땅에서 태어나야 합니다."

그러면 사람이 어떻게 흑암의 나라에서 하나님의 나라로 시민권을 바꿀 수 있는가?

● 세례, 하나님 나라의 시민권

예수님께서 해결책을 제시하셨다. 십자가의 죽음과 부활이다. 믿음으로 십자가를 바라보는 노예는 누구나 그 죽음을 자기 자신의 죽음으로 여길 수 있게 된다. 그가 죽었기 때문에 사단은 그를 놓아준다.

또한 예수님이 부활하심으로 말미암아 우리는 새로운 왕국으로 옮겨진다. 이 사실은 십자가만큼이나 중요하다. 한 왕에 대해서는 죽고 다른 통치권 아래서 다시 태어나는 것이다.

세례가 바로 이 사실의 표상이다. 나는 오랜 세월 동안 사람들에게 세례를 주었다. 그러나 나에게는 한낱 의식에 불과하였다. 아주 멋진 의식 말이다. 사진사를 부르고 근사한 예복을 입고 뒤에서는 합창단이 찬송을 부르는 등 부산을 떨지만 확실히 이것은 쇼(show)였다.

그것은 하나님께서 우리를 새롭게 하시기 전에 받은 세례였다. 진정한 세례의 의미를 되새겨야 한다. 세례는 사람이 새로운 삶을 살기 시작하자마자 바른 방법으로 주어야 한다. 세례는 우리의 생각도, 사도들의 생각도 아니다. 세례는 '성부와 성자와 성령의 이름으로' 행해진다. 그래서 세례 받는 사람은 하나님에 의해서 그분의 이름으로 행하는 사람으로 더불어 세례 받게 된다.

아르헨티나에서는 가끔 다음과 같은 세례 집권문(baptismal formula)을 사용한다.

"나는 성부와 성자와 성령의 이름으로 너를 죽이고, 그분을 섬기며 기쁘시게 하기 위해 너를 하나님의 나라에 태어나게 하노라."

보통 세례를 집전할 때 하는 말과는 다르지만 세례의 속뜻을 보다 잘 드러낸다고 본다.

어떤 이는 세례를 통해서만 구원받을 수 있다고 하고, 또 어떤 이들은 믿음을 통해서만 가능하다고 한다. 그러나 사도들은 둘 다 말했다. "회개하고 세례를 받으라!" 사도들은 "믿고 구원받은 사람은 몇 개월 뒤에 세례를 받으라"고 말하지 않았다. 그들은 구원에서 세례가 가지는 의미를 간과하지 않았다.

지폐를 생각해 보자. 지폐에는 두 가지 가치가 있다. 하나는 고유의 가치로서 종이와 잉크의 가치인데, 이것은 별로 중요하지 않다. 500원만 있어도 만 원짜리 지폐보다 더 큰 종이를 살 수 있으며, 약간의 녹색 잉크만 있으면 가짜라 할지라도 많은 지폐를 찍어 낼 수 있기 때문이다.

그러나 지폐에는 보다 큰, 다른 가치가 있다. 나라에서 인정한 은행이 지폐의 가치를 보장한다는 것이다. 세상에서 돈이라고 말하는 종이 조각을 들고 슈퍼마켓에 가면 필요한 것을 살 수 있다.

세례도 마찬가지이다. 물, 의식 자체는 그다지 중요하지 않다. 그러나 그 의식은 예수 그리스도께서 십자가 위에서 그리고 무덤 안에서 행하신 일을 배경으로 하고 있다. 그래서 세례가 중요한 것이다. 사람이 세례 받는다는 것은 그가 사망에서 생명으로 옮겨지고 있다는 것을 뜻한다. 그래서 세례는 옮겨지는 그 순간에 베풀어져야 하는 것이다.

초대 교회를 보자. 당시에는 회심한 지 하루가 지난 후에 세례를 주지 않았다. 저녁 집회 시간까지 기다리지도 않았다. 만약 누군가가 아침에 구원받았다면, 그는 아침에 세례 받았다. 만일 사도행전 16장에 등장하는 빌립보 감옥의 간수처럼 한밤중에 구원받았다면, 한밤중에 세례를 받았다.

그래서 아르헨티나에서는 세례를 받을 때까지는 개인의 구원에 대해서 확실한 말을 하지 않는다. 그것은 세례 자체를 중요하게 생각해서가 아니라, 순종을 중요하게 생각해서이다. 만약 어떤 사람이 "나는 믿습니다. 하지만 세례는 좀 나중에 받겠습니다"라고 말한다면, 우리는 새 나라를 향한 그의 헌신을 의심한다. 왜냐하면 순종은 구원이 말하는 바 모든 것이기 때문이다.

강이나 몸이 잠길 만한 물이 있는 곳에 갈 수 없다 해도 문제가 되지 않는다. 세례 받기를 원한다면 그의 집 욕조에서도 바로 세례를 베푼다. 우리는 그 사람과 그의 부인, 아이들까지 모두 같은 욕조에서 세례를 준다. 이렇게 하는 것이 교회에서 하는 것보다 훨씬 편리하다. 왜냐하면 그 집에는 온수, 수건과 필요한 모든 것이 준비되어 있기 때문이다.

세례는 아주 중요하게 가르쳐야 할 교리이다. 만일 우리가 성경이 말씀하는 합당한 때에 세례를 준다면, 사람들은 지금 행해지고 있는 세례에서보다 훨씬 더 많은 것을 배울 것이다. 바른 세례를 통하여 사람들은 흑암에서 벗어나 하나님 나라에 태어나는 것이다.

하나님 나라에서의 삶

이에 예수께서 제자들에게 이르시되 아무든지 나를 따라오려거든

자기를 부인하고 자기 십자가를 지고 나를 좇을 것이니라 누구든지 제 목숨을

구원코자 하면 잃을 것이요 누구든지 나를 위하여 제 목숨을 잃으면 찾으리라.

－마 16:24-25

우리는 모두 자기 자신을 위해 살고 자기 자신의 뜻을 행하는 흑암과 이기심의 나라에서 벗어나야 한다. 그리고 나서 하나님을 위해 살고, 그분의 뜻을 행하며, 하나님의 나라로 들어가야만 한다. 하나님의 나라는 '세상 나라가 우리 주와 그리스도의 나라'가 되기까지 커지고 또 커져야 한다(계 11:15).

천국에 있기 위해서는 자신에 대하여 죽어야 한다. 그러나 구원받은 많은 사람들이 자신들이 노예라는 것을 아직 깨닫지 못하고 있다. 여전히 자기 뜻대로만 살고자 한다. 하지만 그들의 시도는 좌절될 것이다.

● 얻고자 한다면 다 버려야 한다

목숨을 구원하기 위해 목숨을 잃어야 한다는 예수님의 말씀은 이런 연유에서 하신 말씀이다. 많은 사람들은 목숨을 구원하고자 교회에 나온다. 그러나 이것은 예수님의 뜻을 무시하는 처사이다. 왜냐하면 이 나라에서는 그분이 주님이시기 때문이다.

예수님은 마태복음 13장에서 천국은 마치 대단히 좋은 진주를 발견한 상인과 같다고 말씀하셨다. 매우 값비싼 진주를 발견하고서 그는 가진 모든 것을 팔아 그 진주를 샀다.

어떤 그리스도인은 이 비유를, 우리는 매우 값비싼 진주이고 그리스도께서 우리를 구속하시기(redeem) 위해 모든 것을 포기하셔야만 했다는 식으로 이해한다. 그러나 이제 우리는 그분이 값비싼 진주임을 알아야 한다. 우리는 행복, 안전, 명예, 영생을 찾는 상인들이다. 따라서 예수님을 찾으면 모든 것을 대가로 치러야 한다. 그분께 행복, 기쁨, 평강, 치유, 안정, 영생 등 모든 것이 있다. 그래서 우리는 묻는다.

"이 진주를 사고 싶습니다. 가격이 얼마입니까?"

"그 진주 말입니까? 그것은 매우 비싼데요." 상인이 말한다.

"얼마나 비싼데요?"

"굉장히 비쌉니다."

"제가 이 진주를 살 수 있다고 생각하십니까?"

"물론입니다. 누구나 살 수 있어요."

"하지만 굉장히 비싸다고 하지 않았습니까?"

"그랬지요."

"도대체 얼마입니까?"

"당신이 소유한 것 모두를 내십시오." 상인이 대답한다.

오랜 생각 끝에 마음을 정하고 우리는 "좋습니다, 내가 사겠습니다"라고 말한다.

"그렇다면 무엇을 가지고 계신지 알아볼까요. 어디 여기에 적어 봅시다."

"우선 은행에 만 달러가 있고…."

"만 달러라…. 좋습니다. 또 없습니까?"

"그게 전부입니다."

"더 이상은 없습니까?"

"아, 제 주머니에 돈이 얼마 있군요."

"얼마나 됩니까?"

주머니를 뒤지기 시작한다. "어디 보자 삼십, 사십, 오십, 팔십, 백. 아, 여기 백 달러가 있습니다."

"좋습니다. 더 가지신 것 없습니까?"

"그게 제가 가진 것 전부입니다."

"어디서 사십니까?" 그는 여전히 캐묻는다.

"제 집에서 삽니다. 그러고 보니 집도 한 채 있군요."

"집이라, 좋습니다. 집도 적겠습니다." 그는 집도 종이에 적어 넣는다.

"아니, 그러면 저보고 캠퍼(야영 시설이 갖추어진 자동차)에서 살라는 말입니까?"

"캠퍼를 가지고 있습니까? 그것도 내십시오. 다른 것은 더 없습니까?"

"캠퍼도 없으면 차 안에서 자야겠군요."

"자동차가 있으십니까?"

"두 대 있습니다."

"두 대 모두 내십시오. 자동차 두 대. 또 없습니까?"

"또라니요. 당신은 이미 제 돈, 집, 캠퍼, 자동차를 가지고 갔습니다. 더 이상 무엇을 원하십니까?"

"당신은 가족도 친지도 없으십니까?"

"아닙니다. 처와 자식들이 있습니다만."

"아, 그래요. 그러면 처자식도 적겠습니다. 또?"

"이제 제가 가진 것이라고는 아무것도 없습니다. 이제는 이 몸뚱이 하나뿐입니다."

이때 진주를 파는 사람이 갑자기 탄성을 지른다.

"아, 깜박 잊을 뻔했습니다. 당신, 바로 당신도 적어 넣겠습니다! 모든 것이 이제는 내 것이 되었습니다. 아내, 자식, 집, 돈, 자동차, 그리고 당신 역시 내 것이 된 것입니다."

그는 이어서 이렇게 말한다.

"잘 들으십시오. 당신에게 잠깐 동안 이 모든 것들을 사용하도록 해 주겠습니다. 그러나 그것들은 당신이 나의 것이듯이, 모두 내 것임을 잊어서는 안 됩니다. 이제 내가 주인이기 때문에, 내가 필요하다고 할 때는 언제든지 그것들을 포기해야 합니다."

예수 그리스도께서 우리의 주인이 되실 때에도 이와 같은 일이 생긴다.

부에노스아이레스에서 제자도의 메시지를 처음 전했을 때, 회중들은 기꺼이 순종하였다. 많은 교우들이 자신들의 집을 헌상하였다(우리나라에서는 인플레이션이 너무 심하기 때문에 사람들이 은행에 예금을 하지 않는다. 돈의 가치가 자꾸 떨어지기 때문이다. 사람들은 예금을 하는 대신 인플레이션에 따라 가격이 오를 소지가 있는 상품이라면 무엇이든 사 둔다. 이런 의미에서 볼 때, 아파트는 아주 중요한 재산이다).

목사들이 모여 헌상된 부동산을 어떻게 처리할지 논의했다. 누군가 "이것들을 팔아 시가지에 큰 교회를 지읍시다"라고 제안했다. 그러나 몇몇이 "아닙니다. 그것은 주님의 뜻이 아닙니다"라고 반대했다.

여섯 달을 기도한 후에 주님은 어떻게 해야 할지 보여 주셨다. 교우들을 모아 놓고 이야기를 전했다.

"여러분이 고생하여 번 돈을 돌려 드리려고 합니다. 주님께서 여러분의 가난한 집을 기뻐하시지 않음을 우리에게 보여 주셨습니다. 그분은 우리 집들이 좋은 것들로 채워지기를 원하십니다. 카펫, 난방기와 냉방기, 그리고 전기 기구와 음식물, 그 밖의 다른 모든 것들이 우리 집 안에 가득하기를 원하십니다. 바로 그분 자신을 위해서 말입니다. 또한 여러분이 자동차를 사고 운전사를 두기를 원하십니다. 그렇지만 이 모든 것들이 여전히 주님의 것임을 기억하시기 바랍니다."

그랬더니 모든 집들의 문이 활짝 열렸다. 우리 집회에 방문객이 찾아와도 "누가 이 형제들을 자기 집으로 들이시겠습니까?"라고 묻는 법이 없다.

그 대신 우리는 누군가에게 "형제님, 이 사람들을 형제님 집으로 데려가셔야겠습니다"라고 말한다. 요청하는 것이 아니라 명령한다. 그 이유는 그 집이 이미 그리스도께 드려졌기 때문이다. 그러면 사람들은 그분께서 방문객들을 그분의 집에 머물게 하심을 감사 드린다.

이것은 완전히 다른 접근 방법일 수 있다. 그러나 이 이야기에서 당신은 하나님 나라의 종으로서의 당신 자신에 대해 한 번 더 생각해 보게 될 것이다.

● 우리는 '그리스도 안에' 있다

한편 하나님의 나라는 혼인과 같다. 여자가 남자와 결혼하면 여자는 그 남자의 사람이 된다. 그리고 그 남자가 소유한 모든 것이 그녀의 것이 된다. 남편이 차를 두 대 가지고 있다면, 그녀도 차를 두 대 가진 것이 된다. 그러나 시간이 지나면서 그녀는 자신의 이름을 잃게 된다.

과거에 우리는 이야기의 시작과 끝을 사람들에게 말하지 않음으로 과오를 범하였다. 예수님의 모든 것이 그들의 것이 되었다고 말하였지만,

우리의 모든 것이 그분의 것이 되었다는 사실은 주지시키지 않았다. 만일 사람들에게 나머지 한편의 말을 해 주지 않는다면, 주 되심(lordship)은 설 자리가 없을 것이다.

예수님은 "네가 차든지 더웁든지 하기를 원하노라 네가 이같이 미지근하여 더웁지도 아니하고 차지도 아니하니 내 입에서 너를 토하여 내치리라"(계 3:15-16)고 말씀하셨다.

당신은 이 말씀의 의미를 아는가? 이런 예를 들어서 안되었지만, 예수님 자신이 드신 것이니 어쩔 수 없다. 우리는 무엇을 토하여 내는가? 소화가 되지 않은 것들이다. 소화가 된 것은 다시 올라오지 않는다. 토해진 사람들은 주 예수 그리스도에 의해 소화되지 않은 사람들이다.

소화란 삭아 없어지는 것이다. 당신은 끝장났다. 당신의 생애는 끝났다. 당신은 예수로 변형되는 것이다. 어쩔 수 없이 그분께로 연합되는 것이다.

아르헨티나에는 양질의 고기가 많다. 내 위(胃)에 고기가 들어와서 소화액이 이 고기를 용해시키려 한다고 상상해 보자.

소화액이 말한다. "좋은 밤이야. 잘 지내는가?"

고기가 대꾸한다. "아주 좋아. 그런데 무슨 일이지?"

"응, 자네를 용해시키려고. 자네를 후안 카를로스의 몸의 한 부분으로 변형시키려고 하네."

고기가 이렇게 대답한다고 가정해 보라.

"안 돼, 그것은 싫어. 그가 나를 먹은 것으로 충분해. 거기다 완전히 용해되어 사라지기까지? 안 돼! 위에 들어와 있지만 그냥 고기로 남고 싶어. 내 개성을 잃고 싶지 않아. 고기인 채로 남을 테야."

"안 돼. 너는 용해되어서 후안 카를로스가 되어야 해."

"싫어, 고기로 남을 테야."

이 싸움에서 고기가 이겨 소화액이 고기를 용해하지 못하고, 내 위에 고기 그대로 남아 있게 한다고 가정해 보자. 곧 그 고기를 토해 내고 말 것이다. 그러나 소화액이 이긴다면, 고기는 형체를 잃고 후안 카를로스 오르티즈의 일부가 된다(내가 먹은 고기는 이름 없는 소의 고기였다. 아무도 이 소를 눈여겨보지 않았을 것인데, 이제 내 위에서 용해되니까 이렇게 책에까지 나오게 되지 않았는가!).

주님께 있어서도 마찬가지이다. 우리는 '그리스도 안에' 있다. 그러나 우리가 그리스도 안에 마냥 머물러 있는지 아니면 다 소화되었는지가 문제이다. 예수님 안에 거하기 위해서, 우리는 모든 것을 잃고 예수가 되어야 한다. 우리 목숨을 잃어야 한다는 말이다. 누가복음 17장에 등장하는 종처럼, 하루 24시간 모두 그분의 것이 된다.

그러나 가끔 그리스도인들은 이렇게 생각한다.

"이제 하루 일을 끝냈군. 집에 가서 목욕이나 해야지. 텔레비전을 잠깐 보다가 잠자리에 들 테야. 그렇군, 오늘은 저녁 집회가 있지. 하지만 목사님, 내게도 잠깐 쉴 권리는 있답니다."

● 주님 무엇을 할까요?

노예여, 무슨 권리가 있다고? 당신에게는 아무 권리도 없다. 예수 그리스도께서 당신을 사셨고, 당신의 모든 시간의 주인이시다.

예수님의 이야기에 등장하는 종은 밭갈이를 마친 뒤에도 이런 생각을 하지 않았다. '배가 출출한데 무엇을 먹을까.' 오히려 그 반대였다. '주인님을 위해서 어떤 음식을 해야 할까? 밥과 콩? 아니야, 그것은 어제 드셨어. 감자 튀김을 곁들인 고기 요리? 아니야, 주인님은 구운 감자를 더 좋아하시지….'

"오늘 저녁 집회에 가려고 하는데 누가 설교요, 여보?"

"그저 그런 분이 설교하실 거예요."

"그래? 그러면 그냥 집에 있어야겠군."

무엇인가 거꾸로 되었다는 생각이 든다. 주님이 교회의 긴 의자에 앉으신다. 우리는 그분이 마치 우리 종인 양 예수님을 대한다.

"주님(말은 이렇게 하지만 실상은 정반대이다), 이제 떠나려고 합니다. 제가 떠나 있는 동안 도둑이 들지 않도록 이 집을 잘 지켜 주옵소서. 그리고 운전할 때 사고가 일어나지 않도록 살펴 주옵소서."

예수님께 어떤 대답을 듣기 원하는가? "예, 마님" 혹은 "예, 주인님"이라는 대답을 원하는가?

종은 "주인님, 이것 저것을 하십시오"라고 말하지 않는다. 반대로 "주인님, 제가 무엇을 하기 원하십니까?"라고 묻는다. 종의 기쁨은 주인이 만족스러워하는 것을 보는 것이다. 오늘날 교회들이 잘못된 길로 가고 있음을 이상하게 생각하지 말라. 우리는 어떻게 예수님을 섬길까 하는 생각에서 출발하지 않았다. 찬양은 그분의 저녁 식사이다. 찬송은 그분 식탁에 오른 물이다. 그리고 헌금도 그분이 드시는 식사에 포함된다.

그런데도 우리는 참 어리석다. "교회에 냉방기를 달려고 합니다. 주님을 위해 헌금하실 분은 손을 드십시오"라고 말한다. 주님께는 냉방기가 필요 없으시다. 냉방기는 우리에게 필요한 것이다. 주님을 위해 사용한다고 하는 헌금 가운데 많은 부분이 실제로는 우리를 위해 사용된다. 예수님이 자신에게 드려진 것이라고 인정하시는 유일한 것은 가난한 사람들에 대한 구제이다.

예수님의 주식(主食)은 무엇인가? 사람들이다. 바울은 로마서 12장 1절에서 예배는 우리의 몸을 예수님께 바치는 것이라고 규정하였다. 그분께로 다른 사람들을 이끌고 오는 것을 보시고, 주님은 "잘하였도다. 나의 상에 와서 앉으라"고 말씀하신다. 우리가 그분께로 이끈 사람들은 그분께로 용해된다.

예수님은 이런 말씀으로 이야기를 마치셨다.

"이와 같이 너희도 명령받은 것을 다 행한 후에 이르기를 우리는 무익한 종이라 우리의 하여야 할 일을 한 것뿐이라"(눅 17:10).

주님이 명하신 것을 다 행하였다고 말할 수 있는가? 있다면, 당신에게는 졸업식이 기다리고 있다. 당신은 '무익한 종'(unworthy slave)이라는 문구가 적힌 졸업장을 받게 될 것이다.

오늘날 우리는 전혀 다른 광경을 보고 있다. 무익한 종이 '존경하는 분'(Reverend)이라는 제목의 졸업장을 받는다. 언제인가 한번은 어떤 사람을 대대적으로 소개하는 모임에 참석한 적이 있었다. 오르간이 은은하게 울리고 모든 조명이 그 사람에게 쏠릴 때, 사회자가 외쳤다.

"자, 여기 하나님의 위대한 종을 소개합니다."

만약 그가 위대하다면, 그는 하나님의 종이 아니다. 하나님의 종이라면, 그는 위대하지 않다. 종이란 자기가 아무런 가치도 없는 존재임을 아는 사람들이다. 종들은 열심히 일하고 돌아와 주님을 위해 저녁을 준비한다. 그들은 주인이 맛있게 먹는 모습을 보고 힘을 얻으며 기뻐한다.

하나님께서는 우리를 붙드셔서, 우리로 하여금 그분의 나라에서 종들이 하는 일을 기쁨으로 감당하게 하시기를 원하신다.

하나님 나라의 산소(O_2)

새 계명을 너희에게 주노니 서로 사랑하라

내가 너희를 사랑한 것같이 너희도 서로 사랑하라

너희가 서로 사랑하면 이로써 모든 사람이 너희가 내 제자인 줄 알리라.

－요 13:34-35

　　종(노예)이 된다는 사실에 대해 당신이 겁을 잔뜩 집어먹기 전에, 하나님 나라의 산소(O_2), 즉 사랑에 관해 말하는 편이 낫겠다.

　　오랜 세월 동안, 나는 사랑이 그리스도인의 생활 가운데서 드러나야 할 덕목 가운데 하나라고 생각했다. 그래서 사랑은 가장 소중한 것 가운데 하나라고 설교를 통해 누누이 가르쳤다.

　　그리고 나서 진짜 사랑을 경험하기 시작했다. 그제야 사랑이 그리스도인의 생활에서 나타나야 할 미덕 가운데 하나가 아니라, 사랑 그 자체가 그리스도인의 삶임을 알았다. 사랑은 가장 소중한 것들 가운데 하나가 아니라, 가장 소중한 그것이다.

● 성경에서 사랑은…

영생에 관해 말할 때, 우리는 항상 그것의 길이를 생각하는 것 같다. 세월이 끝나지 않고 계속되는 상태 말이다. 반면 영생의 질에 대하여는 전혀 생각하지 않는 것처럼 보인다. 만일 영생이 영원히 계속되는 삶을 말한다면, 지옥도 영원한 삶의 한 형태이리라!

그러나 예수님이 규정하신 영생의 핵심은 사랑이다. 사랑은 산소이다. 이것 없이는 생명이 존재할 수 없다. 사랑만이 영속되는 요소이다. 다른 수많은 것들, 예를 들자면 은사들, 방언, 예언, 지혜, 지식, 성경 읽기, 기도 등은 없어지고 말 것들이다. 그러나 죽음을 넘어 영생에 이르기까지 영존하는 유일한 것은 사랑이다.

사랑은 새 왕국의 빛이다. 이 점은 성경이 하나님은 빛이요, 사랑이시라고 말씀하시기 때문에 분명하게 드러난다. 요한은 그래서 다음과 같이 선언했다.

"저가 빛 가운데 계신 것같이 우리도 빛 가운데 행하면 우리가 서로 사귐이 있고 그 아들 예수의 피가 우리를 모든 죄에서 깨끗하게 하실 것이요"(요일 1:7).

성경에서 빛은 사랑이다. 그래서 요한일서 2장 10-11절에는 "그의 형제를 사랑하는 자는 빛 가운데 거하여 자기 속에 거리낌이 없으나 그의 형제를 미워하는 자는 어두운 가운데 있고 또 어두운 가운데 행하며 갈 곳을 알지 못하나니 이는 어두움이 그의 눈을 멀게 하였음이니라"고 적혀 있다.

어두움이란 무엇인가? 빛의 결핍이다. 만일 건물 한 동을 온통 어둡게 하려고 한다면, 굳이 어둠을 사 오거나 검은 천으로 건물을 두르지 않아도 된다. 방법은 간단하다. 불을 끄면 된다. 어둠의 나라가 이렇다. 이 나라에서는 누구나 혼자이다. 아르헨티나에서는 밤에 곧잘 정전이 되곤 한다. 설교를 하는 도중에 불이 나가 버렸다면 어떤 일이 벌어지겠는가? 부인들은 그 즉시 남편들에게 "여보, 거기 계셔요? 손 좀 이리 내밀어 보세요"라고 말할 것이다.

상황은 조금 전과 달라진 것이 없는데, 사람들은 자기 혼자라고 느끼는 것이다. 낮에는 어디든지 못 갈 곳이 없다. 그래서 묘지에도 꽃을 들고 찾아간다. 그러나 밤에는 묘지에 가지 않는다. 왜 그럴까? 죽은 자는 낮에와 마찬가지로 밤에도 죽은 자이다. 그러나 어둠이 묘지에 가고 싶지 않게 하는 것이다.

어둠은 개인주의(individualism), 이기주의(selfishness)이다. 빛은 사랑, 교통, 친교이다. 만일 우리가 빛 가운데 행하면, 우리는 서로를 형제로 알기 때문에 우리에게 사귐이 있을 것이다.

내가 앞서 인용한 구절 가운데에는 그의 형제를 사랑하는 자는 "자기 속에 거리낌이 없다"는 말씀도 들어 있었다. 우리 그리스도인들은 항상 서로에게 걸려 넘어진다. 목사들이 서로 엉켜 붙어 싸우고 노회 또한 그러하고, 심지어 교계 지도자들조차도 피차 걸려 넘어지는 실정이다. 문제와 오해가 끊이지 않는다. 가끔 성령께서 회개하도록 강권하시면, 그제야 몇 주일에 걸쳐 잘못을 회개한다.

다른 형제가 빛 가운데 행하지 않고 한 형제만 빛 가운데 행한다면 그 둘은 서로에게 거치는 것이 되지 않는다. 왜냐하면 빛 가운데 행하는 형제가 그렇지 않은 형제를 인도할 것이기 때문이다. 그리고 만일 두 형제가 모두 빛 가운데 있다면 두말할 나위가 없을 것이다. 그들에게는 어둠이 없다!

● 구원의 증거

사랑은 우리가 구원받았다는 증거이다. 어떤 사람들은 구원의 증거가 우리가 어떻게 전도하느냐, 담배를 피우느냐 안 피우느냐 혹은 그 밖의 다른 많은 일들을 하느냐 안 하느냐에 달려 있다고 생각한다. 그런 행동의 모범도 물론 중요하다. 그러나 사랑만큼 중요하지 않다. 만일 지난 여러 해 동안 금연에 대해 강조한 것만큼 사랑을 강조했다면, 상황은 크게 달라졌을 것이다. 사랑은, 구원받았는지 아닌지 가리는 시금석이다.

사도 요한의 말에 귀 기울여 보라. "사랑하는 자들아 우리가 서로 사랑하자 사랑은 하나님께 속한 것이니 사랑하는 자마다 하나님께로 나서 하나님을 알고 사랑하지 아니하는 자는 하나님을 알지 못하나니 이는 하나님은 사랑이심이라"(요일 4:7-8).

하나님께로서 나왔는지 알고 싶은가? 여기 너무도 쉬운 방법이 있지 않은가?

요한은 또 이렇게 말한다.

"우리가 형제를 사랑함으로 사망에서 옮겨 생명으로 들어간 줄을 알거니와 사랑치 아니하는 자는 사망에 거하느니라"(요일 3:14).

가끔 사람들은 목사에게 와서 말한다.

"저는 구원의 확신이 없습니다. 확신이 서질 않아요. 어떻게 하면 확신할 수 있을까요?"

여기 아주 간단한 시험 방법이 한 가지 있다. 형제를 사랑하는가? 요한의 논리를 따르자면 당신이 형제들을 사랑하지 않는다면, 당신은 구원받지 못했다. 당신은 사망 가운데 거하고 있다. 대환난과 천년 왕국에 관해 바른 교리를 알고 있을 수 있다. 그러나 사망에서 생명으로 옮겨진 것을 알 수 있는 유일한 척도는 당신의 사랑이다.

조금 더 심한 말을 해야겠다. 내 말에 화가 나지 않기를 바란다. 만일 하나님께서 원하시는 대로 사랑한다면, 성경의 계율에 그렇게 매달리지 않아도 될 것이다. 왜냐하면 '사랑은 모든 율법의 완성'이기 때문이다 (롬 13:10). 이것이 새 언약이 담고 있는 내용의 전부이다.

"내가 나의 법을 그들의 속에 두며 그 마음에 기록하여…"(렘 31:33).

마음속에서 우러나는 사랑은 모든 문제를 해결한다. 성령의 열매는 사랑이다. 물론 희락, 화평, 인내, 자비, 양선, 충성, 온유, 절제도 성령의 열매이다(갈 5:22-23). 우리는 왜 그렇게 사랑을 부르짖는가? 그것은 사랑과 다른 열매들을 그리스도인들의 생활 가운데 매달려고 하기 때문이다. 그러나 만일 사랑이 우리 마음에서 생명력을 가지고 자라나고 있다면, 사랑에 관해 그렇게 많이 설교하지 않아도 될 것이다. 사랑은 그리스도인의 삶에 있어서 여러 요소들 가운데 하나가 아니라 요소 '그 자체'이다. 사랑이 곧 생명이다.

● 은사는 있으나 사랑이 없다면?

사람들은 어리석게도 성령의 열매 대신 은사를 구한다. 은사들을 감사해야 하지만, 우리가 무엇을 강조하고 있는지 조심스럽게 성찰해 보아야 한다. 예수님은 결코 "그의 은사들로 그들을 알리라"고 하시지 않고, "그의 열매로 그들을 알리라"고 말씀하셨다(마 7:20).

은사는 한 사람의 영적 성숙에 비례하지 않는다. 사람에게 주어진 은사는 크리스마스 트리에 걸린 선물과 같다. 부에노스아이레스와 같은 번화한 도시에는 나무가 많지 않다. 그래서 대부분의 크리스마스 트리는 가는 노끈과 굵은 줄, 녹색 종이로 만든 인조목이다. 그런데도 우리는 그 나무를 멋있게 꾸민다. 시계나 반지 그리고 다른 선물들을 거기에 매단다. 자연목은 아니지만 트리는 매우 근사하게 보인다.

그러나 크리스마스가 지나면 모두 트리를 버린다. 어제는 그 나무에 값비싼 오메가(Omega) 시계가 매달려 있었을지도 모른다. 하지만 오늘 그 나무는 쓰레기통에 들어가 있다. 즉, 나무에 매달린 선물만을 보고 그 나무 자체에 대해 많은 것을 말할 수 없는 것이다. 선물(은사)이 그 나무(영적 성숙도)가 어떤 나무인지 보여 주는 것은 아니다.

오직 열매로만 나무에 대해서 말할 수 있다. 좋은 사과가 열렸다면, 사과나무가 좋다고 말할 수 있다. 좋은 배가 열렸다면, 그것도 마찬가지이다.

물론 가장 좋은 나무에는 좋은 사과도 맺히고 오메가 시계도 달릴 것이다. 열매와 은사가 공존한다는 뜻이다. 그러나 이것이 불가능하다면 적어도 열매가 좋아야 한다. 은사를 받지 못한 데 대해서는 변명의 여지가 있으나 열매를 맺지 못한 데는 변명의 여지가 있을 수 없다. 만일 우리가 사과나무에게 "왜 아름다운 반지가 네게는 없니?" 하고 묻는다면, 사과나무는 "죄송합니다. 아무도 제게 반지를 달아 주지 않았어요"라고 대답하면 된다. 그러나 열매를 맺지 못한 사과나무는 온전히 보존될 수 없다. 열매가 없다는 건 제 몫을 못한다는 뜻이기 때문이다.

따라서 자기 안에 사랑이 없다면 우리도 변명의 여지가 없다. 만일 성령으로 충만하다면 누가 말려도 사랑하게 될 것이다.

여러 해 동안 우리 오순절 교회(Pentecostals)가 갈라디아서 5장 22절을 강조하지 않고, 사도행전 2장 4절만을 강조한 것에 대해 사과한다. 우리는 "사도행전 2장 4절 말씀에 따라 성령 충만을 주옵소서"라고 말했다. 바꾸어 말한다면 방언에 치중했던 것이다. 만일 그때 우리가 "갈라디아서 5장 22절에 따라 성령 충만을 주옵소서"라고 했다면 역사가 달라졌을지도 모를 일이다. 예를 들어, 성령 충만하다는 사람들 가운데 그렇게 많은 분파가 생기지 않았을지도 모른다는 이야기이다.

오순절 목사이면서 갈라디아서 5장 22절을 말한다는 것은 어려운 일이다. 그럼에도 불구하고 말하는 것은, 그 말씀이 진리이고, 성령께서는 우리가 이 사실을 직시하기를 원하시기 때문이다. 사슴이나 다른 어떤 짐승을 잡으려고 할 때, 당신은 총구를 꼬리가 아니라 머리에 겨눈다. 왜냐하면 머리를 쏘아 맞춘다면, 어떤 짐승이고 거꾸러질 것이기 때문이다.

성령 충만을 구할 때, 머리는 성령의 열매이고 방언은 꼬리이다. 많은 사람들이 머리가 아닌 꼬리를 맞추기 때문에, 잡을 수 없는 것이다. 예수님은 "이로써 사람들이 너희가 내 제자인 줄 알리라 너희가 방언을 말하면"이라고 말씀하시지 않았다. 내가 방언을 말한다 할지라도, 나는 이 세상이 나의 제자 됨을 말할 때 내가 얼마나 사랑하느냐, 하는 모습으로 알게 되리라고 말해야 한다. 하나님께서 강조하고자 하신 것을 강조해야 할 때가 되었다.

삼손은 은사(카리스마)를 받은 사람이었지만 육신에 매어 있었다. 이스라엘의 첫 번째 왕 사울도 은사를 받아 예언하였다. 그러나 그 역시 육체를 따라 살았다. 바울은 그가 사람의 방언과 천사의 말을 한다 할지라도 사랑이 없으면 울리는 꽹과리에 지나지 않는다고 말하였다. 사랑 없이 방언을 말하는 것은 소음이다. 예언과 영적인 일을 분별하는 능력도 사랑이 없으면 아무것도 아니다. 믿음의 은사도 사랑이 없으면 헛되다.

이제 당신에게 권한다. 어떤 사람이 은사 행하는 것을 보았을 때 그것이 죽은 사람을 살리는 일이라도 너무 성급하게 그에게 다가가지 말라. 먼저 가서 그 나무를 보되 시계와 반지를 보지 말고, 잎 아래 있는 열매를 찾아라. 특히 이 혼돈의 세대에서 하나님의 자녀들은 뱀처럼 지혜로워야 한다.

당신은 사랑의 중요성을 알고 있는가? 사랑의 중요성을 깨달아야만 성령께 대하여 눈뜰 수 있다. 사랑은 케이크의 밀가루와 같다. 달걀이나 소금 없이 케이크를 구울 수는 있어도 밀가루 없이는 안 된다. 사랑은 그리스도인의 생명이다. 은사와 예배도 좋다. 그러나 기억하라. 사랑만이 오직 생명이다.

6장
Disciple
이웃 사랑

원수를 갚지 말며 동포를 원망하지 말며 이웃 사랑하기를 네 몸과 같이 하라.

−렘 19:18

사랑의 첫 단계는 매우 평범한 것으로, 사랑의 구약적 형태이다. 물론 이것은 교회를 위해서만 주어진 명령이 아니고 모든 사람들을 위해서 주어진 명령이다. 이 사랑은 도덕법(moral law)의 일부로, 만일 세상 모든 사람들이 남을 사랑한다면, 모든 사람이 사랑받게 될 것이며 누군가를 사랑하게 될 것이라는 내용이 담겨 있다.

이 명령이 의미하는 바는 무엇인가? 내가 나의 번영을 바라는 만큼 이웃이 번영하기를 바라야 한다는 뜻이며, 내가 나 자신을 위해 쏟는 것만큼 이웃을 위해서도 노력해야 한다는 뜻이다.

내게는 먹을 것이 있고 이웃에게는 없다고 치자. 이때 이웃을 사랑한다 함은 내가 먹을 것을 얻기 위해 쏟은 노력만큼을 그가 먹을 것을 얻을 수 있도록 쏟아 주는 것을 말한다. 만약 그렇게 할 수 없다면 내가 가진 것의 절반을 그에게 주어야 한다. 만약 내게는 옷이 두 벌 있고 이웃에게는 한 벌도 없다면, 나는 옷 두 벌을 사기 위해 흘린 땀을 그가 옷 두 벌을 살 수 있도록 똑같이 흘려 주어야 한다. 내 아이들은 잘 입고 잘 먹고 학교에 가는데 이웃 아이들이 그렇지 못하다면, 내 아이들을 위해 애쓴 만큼 이웃 아이들을 위해서도 애써야 한다. 이것이 곧 네 이웃을 내 몸과 같이 사랑하는 것이다. 그런데 대부분의 그리스도인은 이 명령을 따르지 못하고 있다.

● 사랑은 아주 당연한 것이다

지금 당신은 이웃을 가까이, 서로 사랑하는가? 물론 예수님은 이웃으로서가 아니라, 형제로서 서로 사랑하라고 말씀하셨다. 하지만 우리가 교회 안에서 적어도 서로를 이웃으로라도 사랑한다면 혁명이 일어날 것이다. 모든 교회에는 너무 많이 가진 사람과 너무 적게 가진 사람이 공존한다. 한 성도는 고급 승용차를 몰고 다니며 날마다 고급 요리만 먹는다. 이 부유한 성도와 극빈한 성도가 함께 어울려 '서로 사랑한다'고 얼마나 많이 찬송을 부르는가! 그러나 예배만 끝나면 서로 "형제에게 하나님께서 복 주시길!"이라는 말만 남기고는 각자 자기 집으로 돌아간다.

"누가 나의 이웃입니까?"라는 질문을 받으신 예수님은 선한 사마리아 사람의 비유(누가복음 10장)를 들어서 질문에 답하셨다. 나는 이 비유에 관해 여러 차례 설교하면서 그 영적 의미를 설명해 주었다. 예루살렘은 교회이고 여리고는 세상이다. 여리고로 내려가던 사람은 교회를 떠나 세상으로 가는 사람이다. 강도는 사단과 그의 귀신들이며, 선한 사마리아인은 강도 만난 이를 교회로 되돌아오게 하는 형제라고 말이다. 가만 생각해 보면, 이 말은 내 책임을 회피하는 데 아주 좋은 말이다. 나 또한 제5복음서 복음주의자들의 복음을 설교하였던 것이다.

언젠가는 다른 해석을 해 보았다. 예루살렘은 에덴 동산이고, 여리고는 타락한 인간이며, 예수님은 길을 가던 사마리아인이라는 식으로 말이다. 이렇게 해석해 설교한다 해도 전혀 손색이 없지 않은가!

예수님은 질문을 던졌던 율법사에게 "가서 너도 이와 같이 하라"(눅 10:37)고 하시면서 말씀을 마치셨다. 누군가 딱한 형편에 있으면 그를 돌보라는 말씀이다. 아주 분명한 말씀이다. 여기에는 더 이상 어떤 영적 의미를 달 필요도 없다. 그러나 우리는 그냥 집으로 가 버리거나 말만 그럴싸하게 늘어놓고는 고통당하는 사람 곁을 지나쳐 버린다. 그리고는 이렇게 말한다.

"오, 나는 이 세상의 참혹함을 알고 있습니다. 세상에는 가엾은 사람들이 얼마나 많은지. 고통당하는 사람을 보면 내 마음이 너무 죄스러워집니다."

사마리아 사람은 특별한 사람이 아니었다. 우리는 그를 '선한 사마리아인' 이라고 부르지만 주님은 그렇게 말씀하시지 않았다.

"어떤 사마리아인은 여행하는 중 거기 이르러"(33절).

그는 단지 구약의 계명을 준행하였을 뿐이다. 그는 강도 만난 사람을 위해 얼마의 돈을 남겨 놓고 자기 볼일을 보러 다시 길을 떠났다.

그가 '선한' 사람이라면 그와 비교할 때 우리는 악한 사람들이다. 똑같은 일이 우리 교회에서 일어나고 있다. 한 목사님이 이렇게 말한다.

"오르티즈 형제, 저희 교회에서 아주 좋은 집사님 한 분을 소개하겠습니다."

"네, 그런 분을 만나 뵙게 되면 제게 영광입니다."

그 집사를 만나 보고 나서 나는 목사님께 묻는다.

"왜 그 집사님이 좋은 분이라고 말씀하셨습니까?"

"아, 그야 그분은 모든 예배에 빠지지 않고, 십일조도 잘 내고, 제가 필요할 때면 언제나 저를 도와주시기 때문이죠."

그분은 좋은 집사가 아니다. 그냥 집사이다. 그러나 우리는 지극히 정상인 사람을 '매우 좋은' 사람이라고 한다.

우리 모두가 예수님이 말씀하셨던 정상적인 사마리아인이 되어야 한다. 예수님은 말씀하셨다. "이와 같이 너희 빛을 사람 앞에 비취게 하여 저희로 너희 착한 행실을 보고 하늘에 계신 너희 아버지께 영광을 돌리게 하라"(마 5:16). 빛은 무엇인가? 무엇이 선한 행실을 낳게 하는가? 사랑이다! 앞 장에서도 말했지만 하나님의 빛은 사랑이다.

● 작은 것부터 시작하기

이제 구체적으로 적용해 보자. 성경에서 말하는 사랑 또는 그 밖의 어떤 것에 대해 이야기할 때, 모두가 나름대로 의미가 있음을 잊지 말아야 한다. 그렇지 않으면 마치 실 끝을 묶지 않고 바느질하는 것과 다를 바 없다. 계속해서 바늘을 움직이지만 꿰매지는 것은 하나도 없다. 실 없이 바늘만 가지고 바느질을 하다 보면 꿰매지기는커녕 작은 구멍만 생긴다. 아무리 바느질을 한다 해도 꿰매려고 하는 천은 여전히 찢어진 그대로이다.

하나님께서는 "네 '이웃들'을 사랑하라"고 말씀하시지 않았다. 우리는 온 세상을 사랑할 수 없다. 하나님은 "네 '이웃'을 사랑하라"고 말씀하신다. 한 사람, 한 가정만 사랑하기로 정하라. 처음에는 그 가정을 위해 기도하고 그들의 영적, 물질적, 정신적인 문제들과 모든 종류의 곤경을 살피는 일로 시작하라.

작은 경건 서적만 달랑 들고 가지 말라. 가거든 당신 자신을 팔라. 당신 자신을 그들에게 내어주라. 친절을 베풀고, 당신이 그들을 사랑한다는 것을 알게 하라.

아르헨티나에 "한 영혼도 예수님께 인도하지 못했다"고 스스로 말하는 할머니 한 분이 계셨다. 그 할머니는 오랫동안 교회에 출석했다. 그런데 어느 날 주님께서 이 할머니에게 이웃 사랑이 무엇인지 알게 하셨다. 할머니는 깨달았다. 하나님이 하늘에서 경건 서적을 내려보낸 것이 아니라, 우리에게 오셔서 우리와 함께 사시며 사람들을 고쳐 주신 예수님을 보내셨음을 말이다. 예수님은 우리를 도우셨고 우리와 나누셨다.

할머니는 자기도 같은 일을 할 수 있을 것이라고 생각했다. 마침 할머니네 앞 집이 세를 내놓았는데, 새 이웃이 이사오자마자 할머니는 바빠졌다. 이사하던 날, 커피와 도넛을 가지고 이웃집에 찾아갔다.

"먹을 걸 조금 가지고 왔수. 방금 이사를 와서 무엇이라도 해 먹을 겨를이 없겠지. 내 가서 그릇을 가져오리다. 바쁜데 설거지를 언제 하겠수. 아, 그리고 식료품점을 알고 싶다면 내 가르쳐 드리리다. 식료품점은 저기 저 구석에 있수…."

할머니는 도넛만 가져갔을 뿐, 복음은 가지고 있지 않았다. 그저 음식을 가지고 가서 그들을 대접했을 뿐이다. 잠시 뒤 할머니는 그릇을 가지고 왔다. 그리고 이렇게 말했다.

"뭐든지 필요하면 말하시우. 무엇이든지 기쁘게 도와 드리리다."

역시 그리스도에 관해서는 전혀 설명하지 않았다. 그러나 한 달 후에 그 가정은 할머니가 그들에게 비춘 빛 때문에 모두 세례를 받았다. 예수님은 "이같이 너희 말을 사람에게 말하여 저희로 너희의 멋진 말을 듣고 하늘에 계신 너희 아버지께 영광을 돌리게 하라"고 말씀하시지 않았다. 그분은 "너희 빛을 비추라"고 말씀하셨다. 여기서 빛이란 곧 사랑이다.

그동안 선행의 중요성을 망각해 왔다. 행위로 구원받는 것이 아니지 않느냐고 말한다. 그러나 이 말은 반쪽짜리 진리이다. 우리는 "선한 일을 위해 그리스도께 지음받은"(엡 2:10) 존재들이다.

사도행전 10장에는 고넬료와 그가 행한 모든 선행이 기록되어 있다. 그 글을 읽으면서 아직 그가 구원받지 않았음을 지적하곤 한다. 그러나 그의 "기도와 구제가 하나님 앞에 상달하여 기억하신 바가 되었기"(4절) 때문에 하나님이 그에게 천사를 보내셨음에 주목하라. 이것이 진리의 다른 반쪽이다.

선행은 사랑이 있어야 가능하다. '선행'이란, 글자 그대로 '착한 일'이다. 일이라는 말에 또 다른 뜻이 있을 수 없다. 지갑을 열어서 착한 일을 해야 한다. 물론 사랑에서 시작된 선행과 육체의 욕심에서 나온 선행에는 차이가 있다. 바울은 모든 열심을 다해서 가난한 자를 돕는다고 해도 사랑이 없으면 아무것도 아니라고 했다. 이런 이유에서 막시즘(marxism)은 해답이 되지 못한다. 물론 막시즘이 상당한 설득력을 가지고 있는 것도 사실이다. 공산주의는 사회 정의와 균등 분배에 관해 아주 좋은 이론을 제시한다. 그러나 가장 중요한 것은, 예수님이 우리에게 가르치신 바와 상치된다. 이 둘은 은사 제일주의와 성령의 은사들 그 자체가 다르듯이 서로 다르다. 은사 제일주의와 은사들 사이에는 유사점이 있지만, 근본은 다른 것처럼 말이다.

그러나 한 가지 조심할 것이 있다. 은사 제일주의를 배격하기 위하여 은사 그 자체를 부인하지 말라는 것이다. 공산주의를 배격하기 위해 나눔(분배)을 부정해서는 안 된다.

잊지 말라. 바로 지금 우리 이웃을 사랑해야 한다.

7장
Disciple

형제 사랑

새 계명을 너희에게 주노니 서로 사랑하라

내가 너희를 사랑한 것같이 너희도 서로 사랑하라   ─요 13:34

구약의 계명, 곧 사랑의 최소한의 단계는 한계를 지닌 사랑이다. 이 사랑은 자애(慈愛)에서 비롯되는 것으로, '내가 곤경에 처해 있지 않는 한' 이웃을 사랑한다는 말이다. 곧 내가 곤경에 처했을 때는 이웃 사랑은 끝나는 것이다.

이 사랑은 최소한의 사랑이다. 물론 우리는 이것을 굉장한 사랑, 최대한의 사랑이라고 생각한다. 사실 교회 안에서 누군가가 나를 자기 이웃으로 사랑한다면, 나는 틀림없이 화를 낼 것이다. 왜냐하면 나는 그의 형제이지 이웃이 아니기 때문이다. 우리는 서로 이웃하고 사는 두 가족이 아니라, 한 가족의 일원이다.

새 계명을 주신다는 말씀을 들은 제자들은 이렇게 이야기했을지도 모른다.

"우리는 이미 십계명에 대해 잘 알고 있다. 그런데 이것은 또 무엇이냐? 이 계명은 열한 번째 계명이 되어야 한다."

예수님은 그들이 이것을 무엇이라 부르든지 크게 신경 쓰시지 않았다. 그들이 이 계명을 준행하기만 하면 되는 것이다.

"새 계명을 너희에게 주노니 서로 사랑하라."

"네 주님, 저희는 벌써 그 말씀을 알고 있습니다." 제자들이 말했다.

"내가 너희를 사랑한 것같이."

이 부분이 달라졌다. 이것이 얼마나 전과 다른 요소인지 생각해 보아야 한다. 구약의 계명은 "네 이웃을 네 몸과 같이 사랑하라"고 가르쳤다. 거기에 비해 새 계명은 "내가 너희를 사랑한 것같이 형제를 사랑하라"고 가르친다. 그분이 우리를 어떻게 사랑하셨는가? 우리를 자기 몸과 같이 사랑하시지 않았던가! 아니다. 그 이상이다. 그분은 우리를 자기보다 더 사랑하셨다.

● 예수님 위주의 삶

이 단계에서는 최소한의 사랑과 달리 '자기'가 사라진다. 우리는 사랑하고 사랑하고 또 사랑해야 한다. 언제까지? 영원히…. 사랑 때문에 목숨을 잃는다 해도. 이 사랑은 빵을 반쪽으로 나누어 이웃에게 주는 것 이상이다. 빵 한 덩어리를 통째로, 빵뿐 아니라 우리 자신까지도 주는 것이다.

이것은 예수님이 교회, 즉 하나님의 자녀들에게 요구하시는 사랑의 수준이다. 이 사랑이 그리스도인 공동체를 규정한다. 나는 내 몸과 같이 내 형제를 사랑할 수 없다. 왜냐하면 자아가 없어졌기 때문이다. 사는 것은 내가 아니라 예수님이시다. 우리는 자기 자신을 남에게 내어주기를 몹시 꺼린다. 우리 안에 이기심이라는 두터운 담이 둘러쳐져 있는 탓이다.

먼저 담을 무너뜨려야 한다. 그렇지 않으면 교회를 절대 변혁시킬 수 없다. 강단에서 외치는 설교만으로는 교회를 변혁시킬 수 없다. 각자가 지금껏 '나'를 떠받쳐 온 삶의 구조를 바꾸어야 한다. 나는 지금 우리들 집의 내부 골격, 그러니까 벽 뒤에 있기 때문에 눈에 보이지 않는 부분과 외부의 목조부, 그리고 벽돌에 대해 말하는 것이다.

종종 구조는 바꾸지 않고 내부 장식에만 변화를 준다. 흡연이라는 창문을 닫고, 주일 학교 교사라는 창문을 연다. 음란한 영화라는 창문을 닫고, 성가대 연습이라는 창문을 연다. 음주라는 창문을 닫고, 연보라는 창문을 연다. 새 카펫, 커튼, 새 도배지로 변화를 준다. 그러나 집 구조는 그대로이다. 여전히 '나'를 위주로 형성되어 있기 때문에 결국 갖가지 문제들이 드러나게 된다.

예수님은 새 커튼이나 창문 하나 여는 것 이상을 요구하신다. 그분의 십자가는 옛 구조에 대한 죽음을 의미한다. 그분은 집 전체를 부수고 다시 시작하신다. 이런 가사의 복음 성가가 있다.

"십자가에 네 무거운 짐 내려놓고 두려움 없이 가거라. 너 죄인아, 두려움 없이 가거라."

그러나 이것으로 충분하지 않다. 죄짐을 치워 버린 것까지는 좋다. 하지만 과거와 마찬가지로 자아가 그대로 있다면 문제가 된다. 우리는 십자가에서 우리 죄짐이 벗겨지는 것뿐 아니라, '나' 구조가 무너져 내리는 핵 폭발을 경험해야 한다. 'C' 구조, 즉 그리스도(Christ) 구조로 대체되어야 한다.

세례 받을 때 물속에 장사 지내는 것은 흡연, 음주 그리고 도박 이상의 것이다. 이것은 자아로서, 다음 사실을 명심해야 한다. 세례 받는 사람이 물 밖으로 나올 때, 자기 자신을 물속에 남겨 두고 나오는 것이다. 그는 완전히 끝장났다. 이제 순종의 삶을 살기 시작하는 주체는 전적으로 새로운 자아이다.

목사들은 가끔 우리가 보다 많은 교제를 해야 하지 않겠느냐고 말한다. 확실히 우리는 감리교, 장로교 목사들, 천주교 사제 등과 교분을 나누어야 한다. 그러나 대부분은 핑계를 댄다.

"시간이 없습니다. 제 목회하는 데도 너무 바빠서 말이죠."

거짓말쟁이들이다. 시간은 있다. 다른 모든 사람에게와 마찬가지로 우리에게도 하루 24시간이 주어졌다. 우리는 왜 "시간은 있습니다만 제 자신과 제 자신의 일을 돌보기에 너무 피곤해서요"라고 솔직하게 말하지 않는가? 이렇게 말하면 적어도 위선적이라는 평판은 면할 수 있을 것이다.

● 사랑하기 위해 시간을 내라

누가 새 계명을 준행할 수 있는가? 누가 예수님이 우리를 사랑하신 것처럼 그의 형제들을 사랑할 수 있는가? 어려워 보여도 이 사랑은 실천 가능하다. 왜냐하면 예수님은 분명 사람들이 이 계명을 지키길 바라고 주셨을 것이기 때문이다. 이 계명은 당신과 나에게 주신 것이다.

사랑하기 위해 시간을 내야 한다. 우리 교회에 항상 정신 없이 바빠 보이는 한 학생이 있다. 그에게 무엇을 부탁할 때마다 그는 늘 이렇게 대답하곤 했다.

"죄송합니다, 목사님. 시간이 없어요. 공부도 해야 하고 하루 여덟 시간씩 일도 해야 합니다. 공부하고 일하는 것 외에 다른 시간을 낼 수 없다는 것을 목사님도 아실 거예요. 일주일에 한 번 교회 집회에 참석하는 것 말고는 정말 바쁩니다."

그런데 하루는 그가 사랑에 빠졌다. 갑자기 그 학생은 자기 여자친구 집을 일주일에 세 번 또는 네 번씩이나 찾아갔다. 어떻게 그럴 수 있었는가? 모르긴 몰라도 사랑이 그 일을 가능하게 했을 것이다.

시간이 없다는 말에는 이기심이 고스란히 드러난다. 시간이 없다는 말은 자신의 작은 왕국을 세우는 데 모두 쏟고 있다는 말과 같은 말이다. 그러나 만일 우리가 죽는다면, 다른 사람들을 위해 써야 했던 시간을 비로소 쓸 수 있을 것이다. 예수님은 다른 사람들을 위해서 매일 24시간을 쓰셨다. 그분에게는 개인적 용무라는 것이 없었다. 왜? 어깨에 십자가를 지고 계셨기 때문이다. 그리고 자신의 제자들도 당신과 똑같이 해야 한다고 말씀하셨다.

십자가를 진다는 것이 어떤 의미인지 아는가? 어떤 사람들은 자기 집에 오신 장모님을 잘 모시는 것이라고 생각한다. 그러나 그것은 십자가가 아니다. 당시 유대인들은 십자가를 지고 가는 사람을 보면, 이후 무슨 일이 일어날지 훤히 알았다. 그 사람은 형을 받아 죽으러 가는 것이었다.

예수님은 우리에게 십자가를 지고 죽은 사람처럼 살라고 말씀하신다. 이런 각오가 되어 있는가? 언제라도 십자가를 바닥에 내려놓고 거기 달릴 준비가 되어 있는가? 이런 각오와 준비가 있다면 새 계명을 준행하는 데 아무런 문제도 없을 것이다.

모든 사람들이 요한복음 3장 16절을 좋아한다. 그러나 요한일서 3장 16절을 찬찬히 읽어 본 적이 있는가? 아마도 없을 것이다. 왜냐하면 제5복음서에 나오는 구절이 아니기 때문이다.

"그가 우리를 위하여 목숨을 버리셨으니 우리가 이로써 사랑을 알고 우리도 형제들을 위하여 목숨을 버리는 것이 마땅하니라."

이 구절은 성경 암송 카드에도 들어 있지 않다. 만약 암송 카드에 들어 있다면 누구도 그 카드를 사려고 하지 않을 것이다. 성경 암송 카드를 만드는 사람은 그리스도인들이 카드 한 장을 뽑아서 읽고 "오, 주님이 나를 위해서 행하시려고 하는 일이 얼마나 큰지!" 하면서 감격하도록 항상 가장 멋진 구절들만을 뽑는다.

사도 요한은 다시 한 번 우리에게 매우 간단한 측정 방법을 소개한다. 우리가 사랑을 아는가? 손쉽게 알 수 있는 방법이 있다. 영 분별의 은사라든지 그 밖의 어떤 것도 필요하지 않다. 단지 형제를 위해 당신의 목숨을 기꺼이 내놓을 수 있는지 여부를 당신 스스로에게 물어보라. 교회 안의 어떤 특정한 한 형제를 떠올려 보라. 자 그렇다면, 그를 위해서 죽겠는가?

내 친구 중에 몇몇은 고맙게도 내게 이렇게 말하곤 한다.

"여보게 후안, 나는 내 생명을 자네를 위해 하나님께 바쳤네. 자네에게 무슨 일이 일어난다면, 그것은 곧 내 일이지. 내 생명은 자네 손에 달렸네. 내 피가 필요하다면, 그 피는 자네 것일세. 자동차, 집, 모든 것이 자네 것일세."

이것이 새 계명이 요구하는 사랑의 수준이다.

● 사랑으로 묶인 공동체

하나님께서는 새로운 공동체를 만들고 싶어 하신다. 그래서 교회 안에서 많은 일이 일어나기 시작한다. 이 일을 세상 사람들은 아직 모르지만, 곧 임박하였다.

그런데 오늘날의 교회는 외진 산골마을처럼 너무 먼 곳에 뚝 떨어져 있는 것 같다. 사랑이 없기 때문이다. 자 그럼, 하나님이 원하시는 새로운 공동체를 어디에서부터 시작해야 하는가? 설교자들로부터 시작되어야 한다. 그런데 간혹 목사들은 평신도들보다 항상 더 분열되고, 서로의 차이에 더 민감하다. 그래서 목사들이 먼저 서로 교제의 본을 보임으로써 모든 동리의 귀감을 세워야 한다. 우리가 서로 사랑하지 않고는 교인들에게 사랑하라고 할 수 없다. 무엇보다도 우리는 양을 치는 목자들이기 때문이다.

모든 목사들이 사랑에 관해 많이 설교한다. 이제 그동안 외쳐 왔던 것을 실천해야 한다. 양들은 합쳐지기를 원한다. 그들은 갈리는 데 너무 지쳤다. 지도자들은 예수님 앞으로 나아가 다시금 사랑의 세례를 받아야 한다. 스스로 양떼들에게 사랑의 모범이 되어야 한다.

가끔 목사들이 내게 이렇게 말한다.

"예, 압니다. 교회의 통일성에 관한 교리를 알지요. 그래서 다른 목사님들을 회합에 초대해 봤습니다. 그분들께 편지도 띄웠어요. 하지만 그분들이 오시지 않았습니다."

이것은 시작하는 데 그리 좋은 방법이 아니다. 목사들은 회합에 지친 사람들이다. 만일 누가 당신을 한 아리따운 아가씨에게 소개한다고 해보자. 그렇다고 대뜸 "만나서 반갑습니다. 자, 우리 결혼하지요"라고 말할 수 없을 것이다. 먼저 사랑에 빠져야 한다. 마찬가지로 당신은 목사들을 초대해서 그들과 사랑에 빠져야 한다.

사실 어떤 측면에서 보면, 회합이란 것이 교제를 위해 그렇게 좋은 것은 아니다. 모임이 8시에 시작된다고 하면 목사들은 7시 59분에 도착할 것이다. 서로 간단히 인사를 나누고는 이내 자리에 앉아서 회합 내내 앞 사람 뒤통수만 바라보고 있게 된다. 모임이 끝나면 작별 인사를 하고 금세 흩어져 버린다. 여기에 교제는 어디 있는가?

평신도들도 마찬가지이다. 성도들은 서로 다가와서 "안녕하십니까? 식구들에게 안부 전해 주세요" 하면서 인사할 수 있다. 그러나 20년 동안 주일마다 같은 말이 오고 가지만 더 깊은 대화는 한 번도 나눈 적이 없다. 바로 집회 구조가 교제나 사랑을 나눌 수 있게끔 여유를 주지 않는 것이다.

사랑하는 연인에게 "잘 지냈어? 식구들은 다 잘 있고? 벌써 헤어질 시간이군"이라고 말하는 이를 본 일이 있는가? 없을 것이다. 그들은 서로 결혼하는 것 이외에 다른 어떤 것도 할 수 없을 때까지 가까워지고 더 가까워진다.

사랑하는 연인 사이에서 일어날 법한 일이 모든 도시의 목사들 사이에서 일어나야 한다. 그들의 영과 혼이 예수님이 우리를 사랑하신 것같이 서로서로 사랑하는 일에 깨어 있어야만 한다.

그러므로 우리는 회합이 아니라, 이렇게 시작해야 한다.

"주님, 저는 이 도시의 목사 두 명, 혹은 세 명을 사랑하겠습니다. 여기에 그들의 이름을 적습니다. 저는 아직 그들을 모릅니다. 저는 그들의 신학 노선을 반대해 왔습니다만, 사랑하라고 하시니까 이제 그들을 사랑하겠습니다."

누군가는 이렇게 반박할지도 모른다.

"형제님, 당신 말이 옳습니다. 사랑은 명령이죠. 하지만 하나님께서 이 사랑을 주시지 않는다면, 우리는 사랑할 수 없습니다."

너무 멍청한 생각이다. 하나님이 무엇을 하라고 말씀하시면 우리는 그대로 시행한 뒤 하나님께 아뢸 뿐이다. 그런데도 우리는 "하나님, 형제 사랑하는 마음을 주옵소서"라고 기도한다. 그리고 우리가 사랑하지 않는 것이, 우리 허물이 아니라 하나님이 기도에 응답하시지 않았기 때문이라고 생각한다.

똑바로 기억하라. 사랑은 명령이다. 이 사랑이 어디에서 나오는지 묻지 않아도 된다. 우리는 주님께 순종하기 시작하면 된다. 순종할 때, 놀라운 일들이 생길 것이다.

● 자연스럽게 친해지기

어떻게 종이에 적은 두세 명의 목사와 사랑에 빠질 수 있는가?

먼저 일주일, 혹은 이 주일 동안 날마다 그들을 위해 기도한다. 가족과 친척이 있으면 그들의 이름을 외우고 그들을 위해서 기도한다. 또 사모와 아이들을 위해서 기도한다. 그 목사의 집 앞을 지날 때면, "주 예수여, 저 가정을 축복합니다"라고 기도한다.

결정적으로 그들과 사랑에 빠졌을 때, 그들을 만나러 간다. 사랑으로 설레는 마음을 안고 문을 두드린다.

"안녕하십니까, 이 댁이 스미스 목사님 댁 맞지요?"

"예, 내가 스미스 목사입니다."

"아, 그러십니까. 전 오르티즈 목사라고 합니다. 목사님을 잠깐 만나 뵈려고 왔습니다."

조금 놀란 기색이지만 큰 문제는 없다.

"예, 안으로 들어오십시오. 어떤 일로 오셨습니까?" 스미스 목사가 말한다.

"뭐 별다른 일 없습니다. 그냥 들렀습니다, 형제님."

"그러세요. 한데 제가 오늘 좀 바빠서 저를 방문하신 이유를 말씀해 주시지요. 왜 제 집에 들르시게 되었는지 기탄 없이 말씀해 보세요."

"실은 목사님을 한번 뵐까 해서입니다. 바쁘시더라도 5분만 내주십시오. 지난 주일 집회는 어땠습니까?"

이런 상황에서 어떻게 그가 대답하지 않겠는가? 그가 이내 입을 뗀다.

"정말 알찬 하루였습니다. 저는 제 설교에 흡족하였고 교우들은 아주 진지했습니다. 헌금도 아주 많이 걷혔어요. 저번 주일에는 거의 이천 달러 가까이 들어왔습니다. 저희 교회는 아주 발전하고 있어요."

"정말 굉장합니다. 그런데 가족이 있으십니까?"

"아내와 아이가 있는데, 아내는 지금 좀 아픕니다."

이때 자리에서 일어선다.

"저런, 그런 것도 모르고 제가 공연히 찾아왔습니다. 이제 돌아가겠습니다. 떠나기 전에 같이 기도하십시다. '예수님, 이 가정과 이 형제 그리고 교회의 발전과 사모님을 위해 감사 드립니다. 사모님을 고쳐 주시고 붙들어 주소서 아멘.' 스미스 목사님, 감사합니다. 안녕히 계십시오."

스미스 목사는 대문을 닫으면서 중얼거린다.

"가엾은 사람 같으니. 아무래도 오르티즈 목사의 노회장에게 전화를 해야겠어. 과로한 모양이야."

"여보세요, 오르티즈 목사 소속 노회 노회장이십니까? 오르티즈 목사가 저를 찾아왔습니다. 그런데 지난 며칠 동안 오르티즈 목사에게서 이상한 점을 발견 못하셨습니까? 제가 보기에 그는 정상이 아닙니다. 아시겠지만 목사들이 과로로 인해서 마음이 갈팡질팡하는 경우가 있는데, 그를 좀 눈여겨보아 주십시오. 그가 아무런 용건도 없이 저를 찾아왔습니다. 생각해 보십시오. 얼마나 실없는 행동입니까? 아무튼 그를 잘 살펴보십시오. 그럼 안녕히."

다음주, 오르티즈 목사는 다시 스미스 목사 집 대문을 두드린다. 스미스 목사는 창밖을 내다보고는 "저, 정신 나간 친구로군. 하지만 오래 있지는 않을 거야"라고 하면서 문을 열어 준다.

"안녕하세요, 오르티즈 목사님. 잘 지내셨어요?"

"잘 지냈습니다, 스미스 목사님."

"무슨 일이십니까?"

"아, 그냥 찾아왔습니다."

그는 이미 나를 안으로 들어오라고 해야 한다는 것을 알고 있다. 이때 내가 말한다.

"사모님은 좀 어떠십니까? 제 아내와 제가 지난주 내내 사모님을 위해 기도했습니다. 제 아내가 사모님을 뵙기 원하지만, 사모님께서 손님을 맞을 수 있을 만큼 괜찮아지셨는지 알 수가 없어서 같이 오지 않았습니다. 그 대신 여기 조그만 선물을 보냈습니다."

"아, 정말이지 감사합니다. 사모님께 원하시면 놀러 오셔도 좋다고 전해 드리십시오."

"지난 주일 집회는 어땠습니까?"

"좋았습니다. 은혜로운 집회였어요."

"참 좋습니다. 형제님, 같이 기도하시지요. 전 또 들를 데가 있어서요. '예수님, 감사합니다. 사모님께서 다 나으셨답니다 아멘.' 그럼 안녕히 계십시오."

다음주, 나는 또 그의 집 문을 두드린다. 그러다 다섯 번째 주쯤 되면, 그가 나를 기다리고 있다. 그래도 아직 그를 어떤 회합에 초대하기에는 이르다. 함께 운동을 즐기자고 하거나, 차라도 한잔 대접하겠다고 하면서 집으로 초대한다. 내가 속한 교단에 적개심을 가지고 있을지는 몰라도 차를 마다할 리는 없다. 나는 그를 사랑한다. 운동을 함께 즐긴 후 내 집을 방문하고 나서, 나와 내 아내가 그의 집을 방문하고 나서, 우리는 서로 친구가 된다. 마침내 그의 신뢰를 얻은 것이다.

이렇게 그 도시 목사들과 진정한 형제가 되어야 하고, 서로 사랑해야 하는 나의 짐을 스미스 목사와 나눈다. 사랑은 형제애라는 마차를 끄는 말(馬)이다. 말을 마차 뒤에 매지 말라. 먼저 사랑하고, 그 다음에 당신의 느낌들을 나누어라.

너무 어려워 보이는가? 예수님은 형제를 위해서 목숨을 내놓아야 한다고 말씀하셨다. 이 말씀에 비하면 형제 목사를 방문하는 것쯤이야 아주 쉬운 일이 아닌가? 이것은 출발점이다. 일단 목사들이 시작하면, 그 다음에는 그리스도 몸의 다른 지체들에게로 차츰 번져 나갈 것이다. 목사들이 예수님의 눈을 가져야 한다. 예수님이 우리의 도시를 보실 때, 그분은 목자와 양을 한 덩어리로 보신다. 우리가 예수님 안에 있다면 우리도 동일한 것을 볼 것이다. 우리 모두가 하나같이 '바른' 교리를 가질 수는 없다. 그러나 교리가 예수님의 사랑에서 우리를 끊을 수는 없다. 그것이 예수님의 종의 자격을 박탈해서도 안 된다.

나와 한 교단에 속해 있었던 사람으로서 얼마 전 나와 불편한 사이가 된 사람이 있었다. 그는 내가 교회를 잘 받들지 않는다고 말했다. 그리고 끝내 나를 미워했다. 언젠가 어떤 대회에 참석했을 때 그를 만나 먼저 인사를 건네며 포옹했다. 그러자 그가 버럭 화를 냈다.

"포옹하지 마시오. 난 당신을 사랑하지 않아요."

"그래도 나는 당신을 사랑합니다."

"당신은 나를 사랑할 수 없소. 난 당신의 원수니까!" 그는 거의 소리를 질렀다.

"주님, 감사합니다." 내가 말했다. 그리고 이내 다시 말을 이었다.

"나는 당신이 내 원수인지 모릅니다. 그러나 내게 원수를 사랑할 기회가 주어졌으니 감사합니다. '예수님, 이처럼 귀한 원수를 허락하심을 감사합니다!'"

그 뒤로 어떤 일이 일어났는지 아는가? 일 년 뒤에 나는 그가 시무하는 교회에서 설교하였다.

사랑은 이 세상에서 가장 강력한 무기이다. 예수님은 사랑으로 세상을 정복하셨고, 우리 또한 사랑으로 세상을 정복해야 한다.

8장
iDisciple
일체화된 사랑

내가 아버지의 이름을 저희에게 알게 하였고 또 알게 하리니

이는 나를 사랑하신 사랑이 저희 안에 있고 나도 저희 안에 있게 하려 함이니라.

– 요 17:26

세 번째 단계의 사랑은 구약과 새 언약의 사랑 둘 다를 뛰어넘는 사랑으로, '삼위일체적 사랑'이다.

성삼위 하나님 사이의 사랑을 상상해 볼 수 있는가? 성부께서 성자를, 성자께서 성부를 어떻게 사랑하시는지 짐작할 수 있는가? 성령께서 성부와 성자를, 성부께서 성령을, 성자께서 성령을 어떻게 사랑하시는지 그려 볼 수 있는가? 무량한 사랑이 아닐 수 없다!

이것은 영원한 사랑이다. 성숙한 사람을 위한 사랑이다. 이 단계의 사랑에는 불화가 존재하지 않는다. 구약에서 우리는 성부께서 어떻게 기적과 이적, 곧 죽은 자를 다시 살리시고 병든 자를 고치셨는지 보았다. 그리고 성자께서도 이 땅에 오셔서 같은 일들을 행하셨다. 그러나 성부

께서는 아들의 일을 시기하지 않으시고 오히려 성자를 '기뻐하는 자' (마 17:5)라고 말씀하셨다.

이후에 성령께서 오셔서 역시 같은 일을 시작하셨지만, 성삼위 하나 님께서는 여전히 완전한 통일을 이루고 계신다. 그분들의 사랑은 어떤 것도 그분들을 이간시킬 수 없을 만큼 완전하다.

삼위일체의 사랑은 셋을 하나가 되게 한다. 둘 더하기 영원한 사랑은 하나이다. 셋 더하기 영원한 사랑도 하나이고, 넷 더하기 영원한 사랑도 하나이다. 그리고 백 명의 성도 더하기 영원한 사랑 역시 하나이다. 영 원한 사랑에 어떤 수를 더해도 마찬가지이다.

● 주가 내 안에, 내가 주 안에

예수님은 이러한 사랑이 '저희 안에', 즉 우리에게 있게 하려 하신다 고 말씀하셨다.

내가 어려서 주일 학교에 다닐 때, 선생님께서 어느 날 우리가 어떻게 그리스도 안에 있는지 말씀하셨다. 그때 나는 그 말씀을 알아들었다. 몇 주일이 지나 그분은 그리스도께서 우리 안에 계신다고 말씀하셨다. 그 러자 내가 대뜸 이렇게 말한 기억이 난다.

"선생님, 엉터리입니다. 만일 우리가 그리스도 안에 있다면 어떻게 그 리스도께서 동시에 우리 안에 계실 수 있지요? 어떤 것이 다른 어떤 것

안에 들어 있다면, 보다 큰 것은 보다 작은 것 안에 동시에 들어 있을 수 없잖아요."

그러나 지금은 이해할 수 있다. 내가 내 형제의 마음속에 있고 그가 나의 마음속에 있다면, 우리는 둘 다 너나 내가 아닌 다른 것 안에 있는 것이다. 사랑 때문에 우리는 하나이다.

그런데 오늘날 우리는 하나가 아니다. 우리는 여러 집단으로 나뉘어 있다. 감리교, 장로교, 순복음, 침례교, 구세군, 오순절 제(諸)파, 프리머드 형제 교회(Plymouth Brethren) 등 아주 여러 교단으로 흩어져 있는 것이다.

하나님은 이미 우리 집단들을 재편성하고 계신다. 그분은 우리가 사용하는 범주를 사용하지 않으신다. 그분에게는 단지 두 집단, 즉 서로 사랑하는 자들과 그렇지 않은 자들만이 있다.

만일 누가 "오르티즈 형제, 어떤 교파 출신입니까?"라고 묻는다면, 나는 "서로를 사랑하는 집단 출신입니다"라고 대답할 것이다. 이것이 예수님께서 마태복음 25장에서 말씀하신 양과 염소의 차이이다. 아르헨티나에는 양이 많다. 양떼를 몰 때 어떤 현상이 생기는지 살펴보면 참 재미있다. 양들은 같은 방향으로 머리를 향한다. 즉 한 몸을 이루는 것이다.

그렇기 때문에 양과 염소를 구분하는 일은 아주 쉽다. 통역 또는 영분별, 또는 그 밖의 어떤 은사도 필요치 않다. 약 1, 2분 정도 어떤 사람과 이야기를 나누어 보라. 그가 싸움을 걸어 온다면 염소이고, 사랑을 나눈다면 양이다.

예수님은 무엇으로 양과 염소를 구별하셨는가? 그들이 목마른 자에게 물을, 주린 자에게 음식을, 병들고 옥에 갇힌 자에게 동정을 주었는가를 보고 양과 염소를 구별하셨다. 예수님은 형제들에게 사랑을 나타낸 자들을 "내 아버지께 복 받을 자들이여"(34절)라고 하시고, 왼편에 있는 자들을 향해서는 "저주를 받은 자들아"(41절)라고 하셨다.

● 하나님은 우리를 하나로 만드신다

그러나 명심하라. 하나님은 여러 집단을 재편성하시는 것 이상의 일을 하고 계신다. 그분은 우리를 하나로 만드신다. 감자를 예로 들어 자세히 설명해 보겠다. 감자 뿌리 하나에는 세네 개 혹은 네댓 개의 감자가 달린다. 감자 하나하나는 어떤 뿌리에든 붙어 있게 마련이다.

추수 때가 되면 감자들은 한꺼번에 뿌리에서 뽑혀서 한 자루 안에 담기게 된다. 어떤 뿌리에 달려 있었던 것이 문제 되지 않고, 한 자루 안으로 담기는 것이다. 그렇다고 감자들이 하나가 된 것은 아니다. 그들은 "오 감사합니다, 주여. 우리는 이제 한 자루에 담겼습니다"라고 말하는지도 모른다. 그러나 아직 하나가 되지는 않았다. 다음 단계로 감자는 깨끗이 씻겨 껍질이 벗겨져야 한다. 감자들은 자신들이 조금 더 가까워졌다고 생각한다. 그리고는 서로 속삭인다.

"우리 안에 있는 이 사랑이 얼마나 아름다운지!"

여기서 끝이 아니다. 여러 토막으로 잘리고 갈린다. 이제는 감자 본래 모습(individuality)을 상당 부분 잃었다. 그들은 '이제 주인이 원하는 모습으로 되었다'고 자신한다. 그러나 하나님이 원하시는 것은 으깬 감자(mashed potatoes)이다. 여러 개의 감자 조각이 아니라, 으깬 감자 하나이다. 어떤 감자라도 "내가 여기 있다. 나는 감자야"라고 당당하게 말할 수 없다. 내가 아니라 '우리'가 되어야 한다. 주기도문이 "하늘에 계신 '우리' 아버지여"로 시작되고 "하늘에 계신 '나의' 아버지여"로 시작되지 않는 것도 이런 이유에서이다.

두렵고 떨리는 마음으로 말하건대 성부, 성자, 성령 하나님은 으깬 감자가 된 세 개의 감자들이다. 그리고 예수님은 으깬 감자를 몹시 잡수고 싶어 하신다. 그분은 으깬 감자를 취하실 것이며, 이미 당신의 교회에서 매우 심오한 어떤 일을 하고 계신다.

그 일이 어떤 일인 줄 아는가? 간단하게 말해서, 우리가 원숙한 사랑의 방법으로 서로 사랑하기 시작한다면, 우리 사전에서 '형제'라는 말이 없어질 수 있다는 것이다. 사실 우리는 지금 형제들로서 살지 않기 때문에 서로를 형제라고 부른다. 예를 들어 우리 집에서는 나를 말라깽이(Skinny)라고 부른다. 아무도 '후안 카를로스 형제'라고 부르지 않는다. 내가 이미 그들의 형제임을 알기 때문에 굳이 '형제'라는 호칭을 따로 붙이지 않는다. 서로간에 사귐이 없기 때문에 교회에서 "스미스 목사님", "오르티즈 목사님" 하고 부르는 것이다.

한번은 형식에 치중하는 어떤 교회에서 그 교회 목사가 "브라운 씨, 우리를 대표해서 기도 인도해 주시겠습니까?"라고 말하는 것을 들었다. 순간, '이런 세속적인 사람들을 봤나! 브라운 형제여라고 부르지도 않는 구나' 하고 속으로 나무랐다. 그러나 곧 그 교회에서 아무개 씨 하는 것과 우리 교회에서 형제님 하는 것이 똑같은 말이라는 것을 깨달았다. 우리는 어리석게도 말 몇 마디를 문제 삼고 있는 것이다.

사랑에 관해서 이야기할 때마다 사랑에는 두 가지 차원, 즉 신비적인 차원과 실용적인 차원이 있음을 기억하도록 하자. 신비주의(Mysticism)는 말한다. "오 형제여, 나는 당신에게 짜릿한 사랑을 느낍니다." 한편 실용주의(Pragmatism)는 "형제여 얼마나 필요합니까?"라고 말한다.

얼마 전, 아르헨티나의 코르도바에서 열린 한 성회에 참석하였는데, 그 성회에서 성만찬이 집전되었다. 사회자가 말했다.

"오늘 설교는 없습니다. 그 대신 몇 시간에 걸쳐 성만찬을 거행하려고 준비했습니다. 먼저 20파운드짜리 빵을 마련했습니다. 성경에 보니까 얼마만 한 크기로 빵을 떼야 한다는 언급이 없더군요. 그래서 네 명으로 되어 있는 한 조마다 빵 한 덩어리를 통째로 드릴 테니 원하시는 만큼 떼서 나누도록 하십시오."

우리는 그 강당에서 한 시간이 넘게 그 빵을 먹었다. 그러는 사이 서로 포옹하고 울기도 하였다. 그리고 잠시 뒤, 성만찬이 계속 거행되는 동안 사랑을 통해 현실적인(실용적인) 필요들이 채워지도록 앞을 다투어

지폐를 꺼내는 사람들로 강당은 또 한번 북적였다.

사랑은 명령이다. 사랑은 하나님 나라의 산소(O_2)이며 생명이다.

하나님 나라의 언어

그의 능하신 행동을 인하여 찬양하며 그의 지극히 광대하심을 좇아 찬양할지어다.

―시 150:2

다윗은 찬양과 예배에 관해 좋은 본을 보여 준다. 그의 삶은 우리 안에 있는 하나님 나라에 대한 사랑을 어떻게 표현하는지 잘 가르쳐 준다.

별로 오래되지 않은 일이다. 나는 앉은자리에서 다윗의 시를 모두 읽기로 작정하였다. 성구를 인용하기 위해서나 위로 또는 권면의 말씀을 찾으려고 했던 것이 아니다. 단지 다윗처럼 돼 보고 싶었기 때문에 다윗이란 사람 자체에 관해 배우고 싶었다.

한 편 한 편 읽어 가면서 그의 시편들이 마치 교향악처럼 짜여 있음을 발견하였다. 그의 시편은 매우 부드럽게 시작된다. 필하모니 오케스트라의 연주를 처음 들었을 때 느꼈던 그런 기분. 그 오케스트라에는 모든 악기가 총동원된다. 그리고 그 악기들이 내는 소리가 얼마나 웅장할지 혼자 상상해 본다. 그런데 단지 둘, 혹은 세 대의 바이올린만이 연주를 시작한다. 실망이다! 이때 피아노가 연주를 시작한다. 조금 약하게, 그 다음에는 조금 강하게, 그리고 강하게. 이때 모든 악기들이 연주된다. 당신은 여기서 전율 같은 것을 느낄 것이다.

시편 150편은 다윗의 포르티시모(fortissimo, 가장 강하게), 웅장한 피날레(finale)이다.

"나팔 소리로 찬양하며
비파와 수금으로 찬양할지어다
소고 치며 춤추어 찬양하며
현악과 퉁소로 찬양할지어다
큰소리 나는 제금으로 찬양하며
높은 소리 나는 제금으로 찬양할지어다
호흡이 있는 자마다 여호와를 찬양할지어다
할렐루야"(시 150:3-6).

왜 이렇게 요란을 떠는가? '그의 능하신 행동' 때문이다.

● 찬양이란 무엇인가?

나는 찬양을 강조하는 교회에서 나고 자랐다. 덕분에 '주 찬양

(praising the Lord)'이라는 말을 아주 어려서부터 들었다. 그러나 예배의 많은 시간을 '찬양'으로 보냈으면서도 찬양의 '개념'은 똑바로 배우지 못했다.

찬양이란 무엇인가? 사전을 찾아보면 '훌륭함을 기리어 드러냄'이라고 나와 있을 것이다. 그러나 '찬양'이라는 단어를 동원한다고 해서 찬양이 되는 것은 아니다. 내가 어떤 독창회에 갔다고 해 보자. 연주가 다 끝난 뒤 그에게로 가서 "나는 당신을 칭찬(찬양)합니다. 칭찬합니다. 정말 칭찬합니다"라고 말했다 치자. 이것이 칭찬인가? 칭찬은 '칭찬'이라는 말이 아니라, 그의 어떠한 점을 직접 거론해 칭찬해야 한다. 즉 이렇게 말해야 한다.

"당신은 훌륭한 성악가입니다. 당신이 노래 부르기 시작하자 제 마음은 온통 당신의 노래 속으로 빨려 들어갔습니다. 다른 사람들의 얼굴도 쳐다보았는데 그들도 온통 당신의 노래에 취해 있었습니다."

한 부인이 아이 손을 잡고 길을 가는데, 내가 달려가서 난데없이 그녀의 손을 덥석 붙잡고 "오, 부인 저는 부인을 흠모(찬양)합니다. 흠모합니다. 진정 흠모합니다"라고 한다면, 그녀가 뭐라고 하겠는가? 아마도 "미친 사람이군"이라고 말할 것이다.

그러나 만일 "실례합니다. 부인께서 이 아이의 어머니이십니까?"라고 한다면, 그 부인은 순순히 "예"라고 대답할 것이다. 그 다음에 나는 이렇게 말한다.

"정말 귀여운 아이입니다! 아이가 참 잘생겼네요. 이런 아들을 두셔서 정말 좋으시겠습니다."

흠모(찬양)라는 말을 한마디도 쓰지 않았지만 나는 분명히 그 부인을
칭찬하였다.

한 미술가에게 다가가서 "오, 나는 당신을 존경(찬양)합니다. 할렐루
야, 할렐루야!"라고 한다면 그는 달아나 버리고 말 것이다. 이때는 이렇
게 말해야 한다.

"여기서 선생님의 그림을 쭉 감상했습니다. 컵을 든 손을 묘사한 기법
이 무척 훌륭합니다. 마치 액자 밖으로 손이 나와서, 이리 앉아서 이 컵
을 받으라고 권하는 것 같습니다."

● 왜 주님을 찬양하십니까?

하나님을 찬양할 때, 우리는 얼마나 많이, 그러나 아무 뜻도 없이 '찬
양'이라는 말을 사용하는가? 우리의 말들은 마치 빈 상자 같다. 우리 교
회 교우들에게 이 점을 가르치기 위해 그들에게 질문을 던지기 시작했
다. 누군가가 "주님을 찬양합니다"라고 외쳤다. 그때 내가 "잠깐만, 왜
주님을 찬양합니까?"라고 물었다.

"그러니까, 음, 아, 저…". 그는 자기가 왜 주님을 찬양하는지 몰랐다.

또 다른 교우가 "할렐루야"라고 했다.

그래서 내가 물었다. "왜 '할렐루야'라고 하셨죠?"

"예, 저, 음, 또…".

"형제는, 형제가 오순절파 교인이고, 우리 기도문에 할렐루야라는 말이 들어 있으니까 할렐루야라고 하신 것입니다."

다윗은 '그의 능하신 행동을 인하여 찬양' 한다고 말했다. 그러나 우리는 그런 이유를 가지고 있지 않다.

우리는 예쁜 리본이 달려 있고, 화려한 포장 겉면에 "주님을 찬양하네!" "할렐루야!" "하나님께 영광을!" "아멘!"이라고 적힌 큰 카드가 붙은 상자가 수북이 쌓인 작은 손수레를 가지고 교회에 온다. 그러면 목사가 "이 아름다운 백성들을 보라! 저들은 많은 찬양을 가지고 교회에 나왔구나"라고 감격한다. 모든 상자는 제단으로 옮겨진다. 그러나 하나님께서 그 예물들을 열어 보시면, 그 안에는 아무것도 없다.

언젠가 이렇게 중얼거린 적이 있다.

"태어나서 지금까지 교회에서 30년이 넘게 있었다. 그런데 지금까지 찬양에 대해 배운 것이 무엇이란 말인가?"

그렇다. 나는 30년 동안 네 가지 말, "할렐루야", "주님을 찬양하네", "하나님께 영광을", "아멘"만을 배웠다. 또한 그 네 가지 말들을 어떻게 쓰는 것인지도 배웠다. 그리고 최근 들어, 새로운 방법을 발견했다. 바로 네 가지 말에 곡조를 붙이는 것이다. 말들은 여전히 변함없지만, 나는 이제 노래하고 있다. 그러면서 내 찬양이 어떤 이유들을 담고 있다고 생각했다. 나는 "주님, 이것이 제가 주님께 드릴 수 있는 찬양의 전부입니까?"라고 여쭈었다. 그때 다윗의 시편, "그의 능하신 행동을 인하여 찬양하라"는 시편을 읽게 되었다. 그래서 나는 모든 찬양은 찬양하는 이유를 담고 있어야 한다는 사실을 깨달았다. 우리는 '왜' 주님을 찬양하는지 반드시 알고 찬양해야 한다. 그렇지 않다면 같은 말만 의미 없이 되풀이하면서도 주님을 찬양하고 있다는 자기 기만에 빠져 있는 것이 된다.

내가 물건을 사기 위해 밖으로 나갔다고 가정해 보자. 집에 돌아오면 아내가 묻는다.

"어디 다녀오셨어요?"

"응, 물건 좀 사러(shopping)."

"그래, 무얼 사셨어요?"

"응, 아무것도 안 사고 구경만 했어."

나는 물건 사기(shopping)라는 말을 쓸 수 있을 것이다. 그러나 물건을 사지는 않았다. 그냥 이리저리 기웃거리기만 했다.

많은 사람들이 찬양이라는 말을 사용한다. 그러나 엄밀히 말해 우리는 찬양하고 있지 않다. 하나님은 찬양을 원하시지, 의미 없는 말을 반복하는 것은 원치 않으신다. 그분은 상자에는 별 관심이 없으시고 그 상자 안에 무엇이 들었는지 궁금해 하신다.

우리 교인들은 내 첫 번째 질문의 의도를 잘 이해하였다. 그래서 이어서 조금 더 깊은 이야기를 꺼냈다.

"우리 찬양의 수준을 높이려면, 예배 때 한 사람이 네 가지 찬양하는 말을 한꺼번에 다 쏟아 놓는 일이 없어야 할 것입니다. 하나님을 계속해서 찬양하되 다른 말들을 찾아보아야 할 것입니다."

그러나 아무도 어떤 말로 찬양해야 할지 몰랐다. 그때 아내가 말했다.

"여보, '할렐루야'라는 말을 써서는 안 된다면 도대체 어떤 말을 써야 할까요? 천사들도 '할렐루야'라고 찬양하지 않아요?"

"당신 말이 옳아요. 하지만 천사들은 우리 주 하나님, 전능자께서 다스리시기 때문에 '할렐루야'라고 찬양하는 게 아니라오(계 19:6). 천사들은 그분의 능하신 행동들 때문에 그분을 찬양하오. 당신은 찬양할 때 마음속에 능하신 행동들을 그려 봐야 해요. 그렇지 않으면 찬양은 공허한 것이오."

우리는 시골 흙탕길에 빠진 트럭 꼴이 되었다. 진흙탕에 깊이 빠진 트럭은, 빠져 나오기 위해 '부르릉' 소리를 요란스럽게 내며 연료를 소모하지만 꼼짝도 하지 않는다. 나 역시 같은 문제를 안고 있었다. 다른 사람들에게 찬양에 대해 목청 높여 말했지만, 진정으로 귀한 찬양은 어떻게 드려지는지 잘 몰랐다. 나에게는 "주님을 찬양하세", "할렐루야" 등의 말 외에 주님을 찬양할 말이 없다. 그래서 찬양에 대해 내가 얼마나 빈곤한지 깨달았고, 주님께 이렇게 호소했다.

"주님, 당신에 대한 저의 사모함이 이렇게 빈약합니다. 다윗의 시편이나 찬송가에 나오는 찬양 말고는 달리 주님에 관해 찬양할 것이 없습니다."

그때 많은 경험을 하였다. 가끔씩 알맹이가 빠진 찬양을 얼마나 드렸는가로 은혜로운 집회와 그렇지 않은 집회를 가늠해 왔음을 알게 되었다. 이후 내 생활과 경험에서 얼마나 주님을 찬양하는지 찾기 시작했다. 그리고 전에는 그런 곳에 하나님이 계실 리 없다고 생각하던 많은 장소에서 하나님을 만났다.

형제 안에서 그리스도를 보기 시작했다. 처음에는 그저 "한 형제가 웃는 얼굴을 하고 있기 때문에, 주님을 찬양하자"가 전부였다. 그러나 그때는 달랐다. 예수님이 그 안에 어떻게 사시는지 생각했다. 그리고 마침내 찬양이란 주일 아침에 베풀어지는 말 잔치만은 아님을 깨달았다.

● 찬양과 불평

찬양은 우리의 모든 언어이다. 찬양은 천국의 언어이다. 아르헨티나 사람이 스페인어를 쓰고, 미국과 영국 사람이 영어를 쓰며, 브라질 사람이 포르투갈어를 쓰듯이, 하나님 나라의 언어는 찬양이다. 한 나라의 국민은 자기 나랏말을 쓴다. 우리는 그 말로 서로를 알아본다.

다윗은 "그를 송축함이 내 입에 계속하리로다"라고 했다(시 34:1). 그는 낮뿐만 아니라 밤에도 주님을 찬양했다.

하나님께서 보시기에 이 세상에는 두 가지 언어, 즉 하나님 나라의 언어와 흑암 나라의 언어만이 존재한다. 하나님 나라의 언어는 찬양이고 흑암 나라의 언어는 불평이다. 찬양은 아름다운 일을 기리지만, 불평은 그것을 깎아 내린다. 모든 사람은 천국의 언어든지 흑암 나라의 언어든지 둘 가운데 어느 하나를 말하게 되어 있다.

흑암 나라의 백성들이여 들으라.

아침에 자명종이 울렸다. "아, 누가 저런 몹쓸 기계를 고안했담?"

그리고 식탁에 가서 앉는다. "커피가 너무 뜨겁군."

흑암 나라의 백성들은 날씨, 정부 관리, 교통 등 모든 것을 불평한다. 불평이 그들의 언어이다.

한편 하나님 나라의 백성들도 나쁜 언어를 사용한다. 얼마나 놀랐는지 모른다. 그들은 교회에 가서 "할렐루야, 할렐루야" 하고 노래한다. 그리고 집회가 끝난 다음 밖으로 나와서 이런 말을 내뱉는다.

"어, 비가 오잖아. 날씨 한번 더럽네."

누가 날씨를 주관하는가? 주님이시다.

이제 그들은 찬송을 이렇게 고쳐서 불러야 할지 모른다.

"이날은 이날은 주의 지으신 주의 날일세. 원망하고 불평해 보세."

"주님을 찬양하세"라고 해 놓고 불과 몇 분 뒤에 찬양했던 그분을 원망할 수 있단 말인가? 찬양은 절대 지적인 활동이 아니다. 아마도 우리 스스로 무엇을 하고 있는지 모르는 듯싶다.

가끔 미국인들이 내게 와서 이렇게 말을 건넨다.

"코뭬스따 우스떼?"(안녕하세요?)

그러면 나는 이렇게 대답한다.

"무카스 그라씨아스, 무이비엔 이무스떼"(네, 잘 지냅니다. 당신은요?)

이때 그들은 웃으면서 말한다.

"아, 더 이상 못합니다. 전 스페인 말을 많이 알지 못해요."

스페인어는 그들의 언어가 아니다. 단지 학교에서 몇 마디 배웠을 뿐이기 때문에 곧 밑천을 드러내고 마는 것이다. 그리스도인 가운데에도 이런 사람들이 있다. 그들의 언어는 진정 찬양의 언어가 아니다. 그들은 교회라는 학교에서 "할렐루야!" "주님을 찬양하네!"와 같은 몇 마디 말을 배울 수 있다. 그러나 그 몇 마디 하는 시간 외에 불평하는 말로 하루를 지낸다.

비가 오지 않더라도 날씨가 덥거나 추워도 원망한다.

"날씨가 왜 이렇담!"

하나님께서는 나쁜 것을 만드시지 않았다. 비는 하나님의 권능을 나타낸다. 눈과 열기와 얼음도 마찬가지이다. 나는 이렇게 말하는 법을 배웠다.

"아, 화창한 날씨로군!" "비가 오니까 참 좋은데!" "눈이 참 멋있게 내리는군!" "날씨 한번 화끈하게 덥군!"

이렇게 말하지 못할 이유가 어디 있는가? 하나님께서 날씨를 주관하시기 때문에 어떤 날씨이든 좋은 것이다. 그분은 그 날씨들 때문에 여전히 찬양 받으셔야 한다.

바울은 디모데에게 말했다.

"하나님의 지으신 모든 것이 선하매 감사함으로 받으면 버릴 것이 없나니"(딤전 4:4).

우리 안에 감사하는 마음이 있으면 모든 것이 좋고, 그렇지 않으면 모든 것이 언제나 나쁘게 보인다.

● 감사의 조건

한여름에 부에노스아이레스의 기온은 43도를 오르내린다. 온도가 32도나 35도쯤 되었을 때, 어떤 사람은 나를 만나 이렇게 말할 것이다.

"오르티즈 목사님, 이 더위에 어떻게 지내십니까?"

"예, 아주 잘 지냅니다. 당신은 어떠세요?"

"어휴, 말도 마십시오. 지긋지긋합니다."

"아닙니다, 형제님. 우리 아버지께서 온도 조절 장치를 조금 올리신 것뿐입니다."

기온이 37도로 올라가면 사람들의 투덜거림은 한층 더해진다. 그러나 그리스도인들은 그의 아버지를 자랑할 수 있다. 그분이 얼마나 능력 있으신지 보라! 쇼핑 센터 하나를 난방하려면 굉장한 열량이 소모된다. 그러나 우리 아버지께서는 사환 한 명 두지 않으시고도 전 아르헨티나를 43도까지 덥히실 수 있지 않은가! 또 그분은 모든 것을 꽁꽁 얼어붙게 해서 살충제를 쓰지 않고도 모든 해충을 박멸하실 수 있다. 얼마나 엄청난 능력인가!

해마다 부에노스아이레스에 소련 빙상 선수들이 찾아온다. 언젠가 그들이 체육관에 매끈한 얼음을 만들기 위해 가져온 덩치가 꽤 큰 제빙기들을 보았다. 그렇다면 우리 하나님은 어떠신가? 그분은 제빙기 같은 것 없이도 거대한 땅덩이 캐나다를 온통 꽁꽁 얼리신다. 이것이 하나님의 능력이다. 얼음을 얼게 하시고 눈을 내려 주시는 하나님을 찬양하자!

바울은 또 이런 말을 했다.

"그러므로 모든 사람을 위하여 간구와 기도와 도고로 감사를 하되"(딤 전 2:1).

언젠가 참석한 한 집회에서 '주 찬양하세', '할렐루야', '하나님께 영광을', '아멘'이라는 말을 쓰지 않고 주님을 찬양하고 있었다. 그때 성 령께서 역사하시는 것을 느끼고 이렇게 찬양했다.

"주님, 몇몇 사람들을 인하여 주님께 감사 드리고자 합니다. 우선 전 화입니다. 저희에게 이 문명의 이기를 허락하시니 감사합니다. 그러나 저희가 이런 편리함을 누리기까지 얼마나 많은 이름 없는 기술자들의 수고가 있습니까? 주님, 전화국 사람들을 인하여 감사합니다."

이어서 모든 성도들이 뒤따라 말했다. "전화국 사람들을 인하여 감사 합니다!"

나는 계속해서 감사했다. "수도꼭지만 틀면 더운물, 찬물이 콸콸 쏟아 지니, 주님 감사합니다. 우리에게 이런 편리함을 허락하셨습니다. 그러 나 우리에게 이렇게 물을 공급해 주기 위해 얼마나 많은 사람들이 수고 합니까? 주님, 수도국 사람들을 인해서 감사합니다."

다시 성도들이 화답했다. "주님, 정말 감사합니다."

계속해서 교사, 버스 운전사, 의사, 간호사, 경찰, 심지어 시장(市長)을 인하여 주님께 감사 드렸다. 전에는 한 번도 이렇게 하지 않았다. 다만 "할렐루야" "하나님의 영광을!"이라고 외쳐 대기에 바빴다. 이후 우리는 찬양의 새로운 차원으로 들어설 수 있었다.

하나님께서는 불평을 들으시기에 진력이 나셨을 것이다. 우리가 "하나님, 시장이 좋은 일을 했는데 참 감사합니다"라고 할 때, 하나님께서는 "너희는 내가 겨우 한 번 좋은 일을 하게 했다고 생각하느냐"라고 말씀하실 것이다.

하루라도 전화가 이상하면 무섭게 불평하면서 지금껏 전화가 아무 이상 없었다는 것은 까맣게 잊는다. 어느 날 목사가 형편없는 설교를 하면 곧 그를 헐뜯고, 지금껏 얼마나 귀한 말씀을 전해 주었는지는 싹 잊어버린다.

장례식에서도 그렇다. 왜 우리는 그가 살았던 날들을 기억하지 못하고 그렇게 슬퍼하는가? 70세를 일기로 소천하신 할머니의 장례식에 주례 목사로 간 적이 있었다. 어두운 말들을 꺼내고 싶지 않았다.

"이 할머니가 우리와 함께 지낸 70년을 인하여 주님을 찬양하십시다. 하나님께서 얼마나 선하십니까? 그분은 그렇게 오랜 세월 동안 이 할머니를 우리 곁에 머물게 하셨습니다. 자, 이 사실을 기억하고 그분께 감사합시다."

갑자기 분위기가 싹 바뀌었다. 할머니 남편도 "주님, 제 아내를 그렇게 오랫동안 제게 주셔서 감사합니다"라고 말했다. 그리고는 우리에게 다같이 다음 노래를 부르자고 제안했다.

당신께 드릴 말씀이 있습니다.

나의 구세주시여,

나 당신을 사랑하되

내 마음 모두 바쳐 사랑합니다!

오, 나는 기쁩니다.

나는 기쁨이 넘쳐 노래합니다.

장송곡으로 전혀 어울리지 않는 노래지만, 그는 모든 사람들이 이 노래를 합창하기를 원했다. 곧 서로서로 손을 잡고 춤추기 시작했는데, 할아버지도 함께 추셨다. 그는 주님께서 자신의 아내를 70년 동안이나 살게 하셨다는 사실이 매우 기뻐서 장례식이 기쁨에 찬 잔치가 되기를 원했던 것이다.

왜 이렇게 되지 못하는가? 지금, 당신은 나쁜 언어를 사용하고 있지 않은가? 천국의 언어를 사용하고 있다면, 일 년 사계절 언제나 우리가 무엇을 찬양하는지 확실히 알고 주님을 찬양해야 한다.

10장
Disciple

눈을 뜨라

주의 손가락으로 만드신 주의 하늘과 주의 베풀어 두신 달과 별들을
내가 보오니 사람이 무엇이관대 주께서 저를 생각하시며 인자가 무엇이관대
주께서 저를 권고하시나이까. ─시 8:3-4

바다와 거기 충만한 것과 세계와 그 중에 거하는 자는 다 외칠지어다 저가 땅을 판단하
려 임하실 것이로다 저가 의로 세계를 판단하시며 공평으로 그 백성을 판단하시리로다.

─시 98:7-9

하나님의 능하신 행동은 어디에서나 찾아볼 수 있다. 다만 우리
가 미처 보지 못할 뿐이다.

어느 날, 아주 어린아이와 같은 '계시'를 통해서, 우리가 하나님께 찬
양 드리지 못하는 이유는 우리가 눈을 감은 채 찬양하려고 하기 때문인
지 모른다는 생각을 하기에 이르렀다. 사방이 칠흑같이 어두운데 찬양
인들 나오겠는가? 그래서 대개 앞에서 말한 네 가지 말만 되풀이하게 되

는 것이다. 그러나 눈을 뜨고 사방을 둘러보면, 보이는 모든 것이 주님께 감사할 만한 것들임을 알게 된다.

● 보라! 주님 베푸신 세상을

한번은 함께 제자도를 공부하는 모임 사람들이 부에노스아이레스에서 약 두 시간 거리의 교회로 나들이를 나갔다. 소나무와 꽃, 새들로 가득 찬 공원 안의 집에 도착해 사과나무 아래에 모여 기도하기 시작했다. 때는 9월이었는데, 아르헨티나 계절로는 봄이었다.

첫 번째 사람이 기도했다.

"주님, 오늘 우리가 당신 앞에 나왔나이다…".

그의 기도는 시내에 있는 우리 교회에서 하던 기도와 다를 바 없었다. 두 번째 사람도 똑같이 기도했다. 드디어 내가 기도할 차례가 왔다.

"주님, 우리는 두 시간이나 차를 타고 여기 왔습니다. 우리가 교회에서 늘 하던 대로 기도회를 하려고 한다면, 여기까지 오지 않아도 됐을 것입니다."

그리고는 눈을 떴다. 사과나무에는 꽃이 활짝 피었고, 작은 새들이 나뭇가지에 앉아 있었다. 나는 계속 기도했다.

"주님, 이렇게 먼 데까지 와서 눈을 감고 앉아 있으니 저희가 얼마나 한심합니까! 주님, 나무들이 참 아름답습니다. 꽃들은 황홀하게 피어 있고요. 저 새들을 보십시오. 주님, 얼마나 아름답습니까?"

사람들은 눈을 뜨고 내가 무엇을 하고 있는지 쳐다보기 시작했다. 나는 아랑곳하지 않고 계속 기도했다.

"주님, 저 장미들과 소나무들이 얼마나 아름다운지요. 저는 이제야 우리가 왜 새로운 말로 주님을 찬양하지 못했는지 깨달았습니다. 주님, 성경 어디에 기도할 때 눈감으라는 말씀이 있습니까?"

그리고 마음속으로 창세기부터 요한계시록까지를 재빨리 훑어보았다. 그러한 규정은 어디에도 없었다. 사실 성경은 그 반대 말씀을 하고 있다. 시편 121편에 보면 "내가 산을 향하여 눈을 들리라"는 구절이 나온다. 예수님은 "눈을 들어 하늘을 우러러" 기도하기 시작하셨다(요 17:1). 우리는 우리의 인습이 성경의 가르침과 어떻게 대치되는지 다시 볼 수 있었다.

내 기도가 끝나고, 사람들은 눈을 뜨고 두 번째 기도를 시작했다. 한 사람이 기도했다.

"저 태양을 보라. 참으로 장엄하지 않은가? 이것이 하나님의 이적이 아닌가? 아버지여, 당신은 광대하십니다! 당신은 모든 것을 완전하게 하셨습니다."

우리는 공원을 산책했다. 장미꽃 내음을 맡으며 하나님의 놀라운 능력에 관해 이야기했다. 한 꼬마가 나무 위로 올라가서 소리쳤다.

"여기서 보니까 더 멋있어요!"

그 꼬마는 그것들의 이름을 하나씩 말하기 시작했다. 그러자 저마다 나무 위로 올라가서(이것은 매우 드문 형태의 기도회였다), 원숭이 떼처럼 소리지르기 시작했다.

"저 소를 보라! 하나님께서 키우시는 옥수수를 보라! 저 사람을 보라! 저기 사랑을 속삭이는 연인을 보라! 사랑의 주님을 찬양하네!"

나무에서 내려오자마자 한 사람이 말했다.

"이 잔디를 보세요."

"어떤 잔디 말씀이죠? 잔디를 처음 보시나요?" 내가 물었다.

"아니요, 하지만 이 잔디가 하나님께서 온 세상을 위해 깔아 주신 카펫이라는 것을 이제 처음 알았어요. 이렇게 아름다운 카펫을 깔아 주신 주님을 찬양합니다."

자그마치 네 시간을 이렇게 보냈다. 지금껏 해 왔던 기도회 가운데 가장 뜻 깊은 기도회였다. 그날 이후 우리는 눈을 뜨고 기도한다. 그리고 우리는 전혀 새로운 찬양의 세계를 맛보게 되었다.

한편 이 사건은 모든 오순절파식 예배 형태를 바꾸어 놓았다. 전에는 몸을 흔들고 소리지르며 손을 높이 들고 예배하였다. 옆에 다른 사람을 의식하지 않기 위해 눈을 감았다. 그러나 이런 형태의 기도는 이제 더 이상 없다. 전처럼 그렇게 슬픈 표정으로 기도하지 않는다. 또 다른 사람이 보고 있기 때문에 오히려 더 환한 얼굴을 한다.

기도할 때, 괜스레 목소리를 깔거나 거창한 말을 골라 쓰던 버릇도 버렸다. 많은 그리스도인들이 기도할 때면 돌연 다른 사람이 된 것처럼 말한다. 온갖 장중한 말과 미사여구가 총동원된다. 왜? 그들은 눈을 감고 이제 다른 세계에 온 것이려니 생각하기 때문이다.

그러나 눈을 뜨고 기도하면, 우리가 하루 24시간이 주어진 단 하나의 세계에 살아야 한다는 것을 깨닫게 된다. 모든 일은 언제나 현존하시는 하나님 존전에서 행해져야 한다. 그분께 기도하기 위해 특별한 언어를 구사하지 않아도 된다.

우리는 심지어 교회 의자까지 재배열했다. 의자를 나란히 줄을 맞춰 놓았을 때는 항상 앞사람 뒤통수만 쳐다보게 된다. 하지만 변화된 교우들은 서로의 얼굴을 바라보기를 원했다. 그래서 의자를 둥글게 배치했다. 이렇게 하고 나니까, 보다 친밀한 교제를 나눌 수 있었다. 그리고 주님을 찬양하는 사람을 서로 바라보면서 "하나님, 저 찬양하는 형제를 인하여 감사 드립니다"라고 말할 수 있게 되었다.

● 다윗 이야기

그래도 가끔 눈을 감고 우리 자신의 내면을 들여다볼 필요가 있다는 말은 사실이다. 그러나 하나님을 찬양하거나 야외로 나갈 때, 눈을 떠 사방을 둘러봄으로써 우리의 찬양 상자를 채울 보다 많은 찬양의 제목들을 발견하게 될 것이다.

다윗이 이 일의 선구자가 아니었을까? 한 목동이 길을 따라 걸어오는 것을 보고 다윗은 아마 이렇게 물었을 것이다.

"이보게, 이 양떼를 어디로 몰고 가려는가?"

목동은 이렇게 대답했을 것이다.

"저쪽 언덕에 있는 초장과 잔잔한 물가로요."

하나님 나라의 언어를 말하는 영감 받은 사람인 다윗은 이 광경에서 하나님의 아름다우심을 보았다. 그리고 혼자 걸어가면서 이런 시를 읊조렸다.

"여호와는 나의 목자시니 내가 부족함이 없으리로다 그가 나를 푸른 초장에 누이시며 쉴 만한 물가로 인도하시는도다"(시 23:1-2).

만약 타산적인 우리들이었다면, 이 광경 가운데서 하나님의 아름다우심을 보지 못했을 것이다. 그리고 이렇게 물었을 것이다.

"어이, 한 철에 양 한 마리에서 양털을 얼마나 얻는가?"

"삼십 파운드요."

"아, 그러면 일 파운드에 얼마나 쳐주는가?"

"십 달러 쳐줍니다."

"십 달러라. 양 한 마리에서 삼백 달러는 얻는다는 얘긴데, 거 수지맞는 장사로군?"

이것은 물질주의에 지나지 않는다. 그리고 교회로 와서 다시 노래한다. "할렐루야! 주님을 찬양하네!" 하지만 이런 우리를 보며 주님께서는 탄식하신다.

다윗은 "새 노래로 여호와께 찬송하라"(시 98:1)고 했다. 그가 오늘날의 작곡가들 같았다면, 자신의 노래 책 파는 데 열을 올렸을 것이다.

"여러분, 언제나 제가 작곡한 신령한 찬송을 부르십시오."

다윗은 달랐다. 그는 각 사람이 자기 자신의 시편을 짓기 원했다. 시편은 단순히 욥기와 잠언 사이에 껴 있는 책이 아니다. 그것은 어떤 환경에 처해 있든지 감사할 줄 아는 신령한 사람들의 자발적인 반응이기도 하다. 나쁜 일이 일어났다면(다윗이 자주 당했던 것처럼), 그때 우리의 반응은 주님께 드려지는 한 편의 시편이어야 한다. 또 기쁜 일을 만났을 때에도 마찬가지이다.

바울은 성령 충만한 에베소 사람들에게 "시와 찬미와 신령한 노래들로 서로 화답하라"고 말했다(엡 5:19). 여기서 시란 다윗의 시편만을 말하는 것은 아니다. 시의 작법을 몰라도 된다. 다만 우리 안에 거하시는 성령께서 우리가 새로운 시들을 지을 수 있도록 영감을 불러일으키실 수도 있다.

우리는 얼마나 자주 '다른 사람의' 찬양을 부르는지 모른다. 또한 다윗의 시들을 찬송으로 만들어 부르기는 하지만 그의 자세는 본받으려 하지 않는다. 만약 다윗이 여기 있다면 그는 아마 다가와서 우리 손에서 찬송가를 빼앗으면서 이렇게 말할 것이다.

"그런 식으로 찬양하지 마시오. 나는 그 시편을 당신 낮잠 잘 때 부르라고 쓰지 않았소. 그 시의 한마디 한마디는 감동으로 쏟아낸 내 영혼의 고백이오. 그런데 당신은 판에 박힌 듯이 찬양하고 있소. 그러니 찬양이 따분할 수밖에!"

다른 사람의 찬양을 불러도 괜찮다. 그러나 새 노래로 주님을 찬양하는 것이 더 좋다. 마리아가 엘리사벳을 방문했을 때, 어떤 일이 일어났는지 기억하는가? 우리 교회에서 임신한 두 교우가 만나서 이야기를 나눈다면 어떤 말을 할까? "임신 몇 개월이세요?" "기분이 어떠세요?" "아들이면 좋겠어요, 딸이면 좋겠어요?" "아기 옷은 충분히 준비하셨나요?" 등등이지 않을까.

그러나 마리아가 엘리사벳을 방문했을 때, 엘리사벳은 한 편의 시로 문안했다.

"여자 중에 네가 복이 있으며 네 태중의 아이도 복이 있도다!"(눅 1:42).

마리아는 어떻게 대답했는가? 그녀 역시 한 편의 시로 인사했다.

"내 영혼이 주를 찬양하며 내 마음이 하나님 내 구주를 기뻐하였음은…"(눅 1:46 이하).

시므온 역시 성령 충만한 사람이었다. 그래서 아이를 보았을 때 다음과 같이 고백했다.

"주재여 이제는 말씀하신 대로 종을 평안히 놓아 주시는도다 내 눈이 주의 구원을 보았사오니…"(눅 2:29 이하).

여신자 안나도 시로써 자기 기쁨을 노래했다.

성령 충만한 사람들은 왜 자연스럽게 솟아나는 시들을 토해내지 않을 수 없었는가?

● 새 노래로 찬양하기

어느 날, 서재에 홀로 앉아 있다가 찬양을 드렸다. 우선 기도했다.

"주님, 오늘 저는 새 노래로 당신을 찬양하겠습니다."

그리고 기타를 집어들고 줄을 퉁기기 시작했다. "할렐루야…주를 찬양하세…." 듣기에는 찬양이었으나, 이것은 단지 몸부림에 지나지 않았다. 내 궁핍함이 그대로 드러나는 순간이었다. 다윗과 마리아와 찰스 웨슬리(Charls Wesley)가 지은 찬양 외에 내가 아는 찬양이 없었던 것이다.

그러나 실망하지 않았다. 기도 드린 대로 새 노래로 찬양하려고 노력했으며, 이때부터 하나님께서 나를 위해 행하신 일들이 얼마나 많은지 시로써 기리는 일을 배우기 시작했다. 그 뒤부터 나는 제자들과 더불어 서로 번갈아 말하고 대답하면서 새 노래들로 주님을 찬양했다.

여러 해 전, 우리 부부는 한 달 동안이나 단둘이 유럽을 여행하였다. 마지막으로 로마에 도착했을 때, 어머니와 아이들이 부친 여러 통의 편지를 비서가 모아 보내준 것을 받았다.

두말할 나위 없이, 아이들의 편지부터 뜯어 보았다. 여섯 살배기 꼬마 아이는 자기가 쓸 줄 아는 글이란 글은 죄다 썼다. 엄마, 아빠, 삼촌, 소, 말 등 이런 것들 말이다. 어떻게 보면 편지가 아니었지만, 그것이 그 애가 할 수 있는 최상의 것임을 알기 때문에 우리 부부는 코끝이 찡해 왔다. 우리는 서로에게 말했다.

"이것 좀 보세요." "기특한 녀석!"

다섯 살배기 아이는 그나마 글을 몰랐다. 그래서 신랑, 신부가 서 있고 내가 주례를 보는 결혼식 그림을 그려 보냈다.

"이 그림 좀 보구려!"

누가 먼저랄 것도 없이 서로 외쳤다. 그림을 보고 너무 기뻐서 한참을 웃었으며, 아이들이 무척 보고 싶어졌다.

그 다음에 막내가 보낸 구겨진 종이를 폈다. 거기에는 뜻 모를 선과원, 사각형 등이 그려져 있었다.

"이것 좀 봐요!"

우리는 좀 더 큰소리로 외쳤다. 아내가 울기 시작했고, 곧 나도 따라 울었다.

편지를 전해 준 이탈리아 목사님은 눈이 휘둥그레졌다. 나는 목사님께 편지들을 내밀었다.

"참 멋진 편지들이지요?"

하지만 그 편지들을 보고도 목사님은 별 반응이 없었다.

그 목사님은 왜 아무런 감격도 느끼지 못했을까? 그것은 자기 아이들이 아니기 때문이다. 나와 아내가 우리 아이들의 부모인 이상, 그 편지들은 이 세상에서 가장 값진 것들이다. 우리 부부는 지금도 세 장의 편지를 보물처럼 간직하고 있다.

당신에게 권면한다. 가서 새 노래로 주님을 찬양하라. 아주 하찮은 내용이라도 하나님은 몰몬 성가대가 부르는 헨델의 〈할렐루야 코러스〉보다 여러분의 새 노래를 더 사랑하실 것이다. 노래를 시작하라. 하나님을 향한 마음 자세를 바르게 하고, 새로운 말과 노래를 드려라. 주님께 오늘 당신에게 일어난 일들, 주위에서 본 것들, 그분의 권능과 영광을 나타내는 어떤 것들에 대하여 아뢰어라.

그러면 하나님은 우리 부부처럼 감격하실 것이고, 천사들은 그 이탈리아 목사님처럼 어리둥절해서 하나님을 바라볼 것이다. 기쁨에 겨워 하나님께서 소리치실 것이다.

"이 찬양을 들어 보라! 후안 카를로스가 기타를 치며 부르는 노래를 들어 보라. 어제는 '할렐루야, 주님을 찬양하세'만 되풀이하더니, 오늘은 새로운 말로 찬양하고 있구나. 다들 들어 보라!"

천사들의 교향악단과 합창단이 우리보다 훨씬 아름답게 찬양할 수 있다. 그러나 하나님께서는 말씀하신다.

"이제 천사들의 찬송은 그만 듣고 싶다. 조니(Johnny, 저자의 애칭)의 떠듬거리는 찬송을 잠시 들어 보자."

당신의 빈 상자를 새로운 말과 노래로 채워라. 주님의 능하신 행동을 인하여 그분을 찬양하라.

새 부대

지금까지 내가 기술한 모든 것은 본질적인 문제와 연결되지 않는 한 한낱 신변 잡기에 불과하다. 나는 이 문제를 성도의 '영원한 유아기'라고 부른다. 우리가 그토록 오래 머물러 온 유아 시절에서 새롭게 탈바꿈하고, 자라고, 계속 커 나가지 못한다면, 그리스도를 주라 고백하거나, 종으로서 그분을 섬기거나 혹은 그분의 새 나라에서 성숙한 자세로 사랑과 찬미를 쌓는다 해서 무슨 유익이 있겠는가? 2부에서는 이러한 문제를 다루려 한다.

11장
Disciple

자라지 않는 아이

멜기세덱에 관하여는 우리가 할 말이 많으나 너희의 듣는 것이 둔하므로 해석하기

어려우니라 때가 오래므로 너희가 마땅히 선생이 될 터인데 너희가 다시 하나님의

말씀의 초보가 무엇인지 누구에게 가르침을 받아야 먹는 자마다 어린아이니 의의

말씀을 경험하지 못한 자요 단단한 식물은 장성한 자의 것이니 저희는 지각을

사용하므로 연단을 받아 선악을 분변하는 자들이니라 그러므로 우리가 그리스도 도의

초보를 버리고 죽은 행실을 회개함과 하나님께 대한 신앙과 세례들과 안수와 죽은 자의

부활과 영원한 심판에 관한 교훈의 터를 다시 닦지 말고 완전한 데 나아갈지니라

하나님께서 허락하시면 우리가 이것을 하리라. —히 5:11-6:3

　　주님께서 처음으로 나의 회중과 내가 얼마나 아이 같은가를 깨
우쳐 주셨을 때, 나는 꽤 큰 충격을 받았다.
　　내가 부에노스아이레스의 교회에 부임했을 때, 교인 수는 184명이었
다. 교역자들은 그때부터 정신 없이 일했다. 2년여에 걸친 극성스러운
전도 덕분에 교인 수는 600명을 헤아리게 되었다. 무려 세 배나 교세를

확장시킨 셈이었다.

　이후에도 전도에 관한 많은 집회에 참가했고, 거기서 배운 것들을 빠짐없이 우리 교회에 적용했다. 우리는 우리 교회 교육 담당 사역자가 미국의 대학을 졸업하였다는 사실에 뿌듯해 했고, 그래서 우리 교회 주일학교가 단연 으뜸이라고 생각했다. 학생부도 보이스카웃이나 걸스카웃과 같이 조직적으로 운용되었고, 남전도회도 마찬가지였다. 그 밖의 다른 모든 기관들도 순조로웠다.

　우리 교회 행정 체계는 어디 내놓아도 손색이 없었다. 교회에는 남녀노소, 유대인, 아랍인 등 인종별로 구분된 서식서가 비치되어 있었다. 또 교적부를 만들어 각 사람의 전화 번호와 주소를 정리해 넣었다. 각 사람이 어떤 직종에 종사하고, 세례를 받았는지 안 받았는지 등 교우 개인에 대한 거의 모든 내용이 적혀 있었다.

　노회 관계자들이 이를 높이 사면서 두 번이나 집회를 열어 나를 주 강사로 초빙했다. 나는 우리 교회의 행정 체계를 소개하고 모든 서식서의 견본을 참가자들에게 나누어 주었다.

　그렇게 바쁘게 지내는 사이 자꾸 뭔가 잘못되었다는 느낌이 들었다. 하루 16시간이나 일에 몰두할 때는 아무 문제 없이 모두 제대로인 듯했다. 하지만 잠시라도 일 없이 긴장을 풀고 있다 보면 모든 것이 와르르 무너지는 느낌이었다. 뚜렷한 해결책은 없는데, 그런 생각이 자꾸만 들어 괴로웠다.

　마침내 모든 것에서 손을 떼기로 결정했다. 우선 당회에 알렸다.

"두 주 정도 기도하러 어딜 좀 다녀와야겠습니다."

그리고는 한적한 곳으로 가서 기도와 묵상에 전념했다.

성령께서 나를 깨뜨리시기 시작했다. 그분의 첫 말씀은 이것이었다.

"너는 유명 음료 회사가 음료를 파는 것과 똑같은 방식으로, 이름난 잡지사가 책을 파는 것과 똑같은 방법으로 복음을 전하고 있다. 학교에서 배운 술수만 쓰고 있을 뿐, 네가 하는 일 에는 나의 손길이 전혀 드러나질 않는다."

나는 할 말을 잃었다.

그리고 주님은 두 번째 말씀을 하셨다.

"너는 조금도 자라지 않고 있다. 네 생각에, 네가 교인 수를 200명에서 600명으로 늘렸다고 해서 자랐다고 생각하는 모양인데, 그건 자라는 것이 아니라 살이 쪄 가는 것이다."

이것은 또 무슨 말씀인가?

"너는 전과 조금도 달라지지 않은 교인들을 400명 더 확보했을 뿐이지, 누구도 자라지 않았다. 전에는 네가 200명의 영적 갓난아기를 거느렸다면, 지금은 600명을 거느렸을 뿐이다."

옳은 말씀이었다. 단 한마디도 부인할 수 없었다.

주님께서 계속해서 말씀하셨다.

"결국, 너는 지금 교회가 아니라 고아원을 운영하고 있는 것이다. 영적으로 말해서, 그 누구도 아버지가 없다. 너는 교인들의 아버지가 아니라 분주한 고아원 원장이다. 네가 그들에게 관심을 보이고 있고 운영비를 지급하고 우윳병을 챙긴다 하지만, 너는 물론 그 어느 교역자도 실제로 그 갓난아기들을 양육하고 있지 않다."

그분 말씀이 또 옳았다.

● 영원한 갓난 아기

집으로 돌아온 나는, 우리가 영원한 갓난아기라는 많은 표지들을 우리 교회뿐만 아니라 모든 교회들에서 세심히 찾아내기 시작했다. 한 예로, 천편일률적인 기도를 들 수 있다. 만일 어떤 사람이 주님과의 관계가 점점 더 긴밀해진다면, 처음 구원받았을 때와는 다른 기도를 드릴 것이다. 그런데 우리들의 기도는 전혀 그렇지 않다.

만약에 내가 아내를 처음 만났을 때 하던 식으로 지금도 말한다고 한번 상상해 보라. 아내를 처음 만나던 날을 기억한다. 아내는 우리 교회 교인이었는데, 나는 한참을 벼르고 벼르다 마침내 그녀에게 이렇게 말했다.

"마르다 자매, 드릴 말씀이 좀 있습니다. 시간 좀 내주시겠습니까?"

그녀는 상냥한 목소리로 대답했다.

"좋습니다. 목사님, 어디로 갈까요?"

호젓한 곳에 이르렀을 때, 내가 조심스레 말했다.

"마르다 자매, 제가 교회의 다른 자매들에게와는 달리 자매에게 조금 다른 감정을 가지고 있습니다. 혹시 눈치를 채셨는지도 모르겠네요 …."

그날 이후 우리는 결혼했고, 십여 년이 지나 네 명의 자녀를 두었다. 그런데 지금까지 내가 아내에게 처음 했던 것처럼 "마르다 자매, 드릴 말씀이 있습니다… 제가 교회의 다른 자매들에게와는 달리 자매에게 다른 감정을 가지고 있다는 점을 눈치 채셨는지 모르겠습니다"라고 말한다고 생각해 보라. 말도 안 되는 일이다! 우리는 지금 연애 초기보다 훨씬 깊은 대화를 나눈다.

그러나 교회에서 사람들은 똑같은 기도를 되풀이하고, 항상 부르는 똑같은 찬송을 부른다. 하나님과의 대화에 있어서 진전이 없다.

우리가 영적 갓난아기라는 또 다른 증거는 교회의 분열이다. 바울은 각각 베드로, 아볼로 그리고 자신을 추종하던 고린도 교인들을 향해서 그것이 영적 갓난아기의 표징이라고 말했다. 고린도 교인들은 그렇다고 서로 싸우지 않았다. 단지 서로 다른 설교자를 선호했을 뿐이다. 적어도 그들은 한 교회에 속하였다.

오늘날 우리는 그들만큼도 하지 못한다. 다른 교파에 속하여 다른 건물에서 집회를 갖고 서로 헐뜯는다. 고린도 교인들이 그리스도 안에서 아기였다면, 우리는 아직 태어나지도 않은 사람들이다. 우리는 점점 나아지지 않고 점점 나빠진다. 해마다 여러 개의 교단들이 더 생겨난다. 그리스도의 몸이 이렇게 갈라져 본 적은 없었다.

세 번째, 주는 것보다 받는 것을 더 좋아한다. 우리는 꼭 어린아이와 같아서 언제나 주님이 도와주시길 바라고, 무엇을 해 주시고, 또 무엇을 주시고, 건강을 주시고, 행복을 주시며, 재물을 주시기를 바란다. 끊임없이 달라고 졸라 댄다. "아빠, 돈 좀 주세요. 이것 사 주세요. 저것 사 주세요" 하는 어린아이와 다를 바 없다.

어른은 줄 줄 안다. 주는 것이야말로 어른이라는 표지이다.

그리스도인들이 성령의 열매보다는 은사에 항상 더 많은 관심을 가지는 것이 재미있지 않은가? 신유의 은사를 받은 사람이 교회에 오면 교회에 사람이 모여든다. 하지만 아이들일수록 신기한 구경을 좋아한다. 성숙한 사람들만이 사랑, 희락, 화평, 인내, 자비, 양선, 충성, 온유, 절제에 관심을 갖는다.

마치 아이들처럼 우리는 무엇이 값지고 무엇이 그렇지 않은지 모른다. 100달러짜리 지폐와 사탕을 아이에게 주어 보라. 아이는 백 번이면 백 번 사탕을 고른다. 우리 역시 물질적인 것과의 선택 앞에 놓이면 아이하고 똑같이 행동한다. 영적인 것들보다 언제나 근사한 집, 새 차, 은행 구좌를 선호한다. 성숙한 가치관을 가지고 있지 못한 까닭이다.

심지어 하나님을 물질을 획득하기 위한 방편으로 삼으려고 한다. 자기를 위해 부를 얻으려고 하는 것도 모자라, 물질을 얻기 위해 하나님을 설득시키려고 하는 것이다. 우리는 이기적인 어린아이에 불과하다.

또 다른 증거는 교회에 일꾼이 없다는 것이다. 무슨 말인지 영문을 모르겠는가? 교회마다 10년, 20년씩 예수를 믿어 온 교우가 참 많지만, 아직 예수님을 믿지 않는 사람 중에 단 한 사람도 그리스도 앞으로 인도하지 못한 교우가 많다. 그들이 한 일이라야 일 년에 몇 번 열리는 집회에 사람을 초청한 것이 고작이다.

"당신은 왜 우리 교회에 나오지 않습니까? 우리 교회는 멋지게 지어졌고, 고급 카펫이 깔려 있고, 의자도 아주 푹신하며, 냉방 시설이 기가 막히게 잘 돼 있습니다. 목사님도 좋은 분이고요. 자, 저와 함께 우리 교회에 가시지 않겠습니까?"

이 사람이 교회에 가겠다고 동의하면, 그는 자기 할 일을 다했다고 생각한다.

"목사님, 제 친구를 집회에 데려왔습니다. 이제 여기서부터는 목사님께 맡깁니다."

그러면 목사는 복음을 설명해 주어야 하고 그 사람을 그리스도께로 인도해야 하며, 세례를 주어야 하고 그때부터 쭉 그를 돌아보아야 한다.

그런데 바울이 세례를 거의 전무하다시피 베풀지 않았다는 것은 이상하지 않은가? 바울은 고린도 교인들에게 말했다.

"그리스보와 가이오 외에는 ⋯ 또한 스데바나 집 사람에게 세례를 주었고 그 외에는 다른 아무에게 세례를 주었는지 알지 못하노라"(고전 1:14-16).

한편 사도행전 18장 8절은 무엇이라고 말하는가 보자.

"또 회당장 그리스보가 온 집으로 더불어 주를 믿으며 수다한 고린도 사람도 듣고 믿어 세례를 받더라."

도대체 누가 새 신자들에게 세례를 베풀었는가? 분명히 바울은 아니었다. 세례를 베푼 사람은 그리스보, 가이오 그리고 다른 영적 아버지들이었음이 틀림없다. 그들은 그 즉시 그들의 영적 자녀들을 돌보기 시작했다.

매주일 구원의 기본 도리를 설교한다. 사람들이 그 설교를 받아들이고 나면, 교회와 세례 그리고 그 밖의 기초적인 것들을 가르치는 반에 그들을 넣는다. 그때부터는 누가 그들을 인도하는가? 그들이 기초반만 이수하면 끝이라고 생각한다. 성숙한 삶을 살기 위해서는 어떻게 해야 하는지 아무도 그들에게 제시해 주지 않는다. 그리고는 또 다른 새 신자들에게 신앙의 기본 도리를 가르치기 시작한다.

사정이 이렇다 보니, 많은 사람들이 중간에 떨어져 나갈 수밖에 없다. 우리의 전도 운동 결과가 형편없이 보이는 것도 무리는 아니다. 귀에 못이 박이도록 신앙의 기본 도리에 대해서 들은 새 신자들은 교회에 염증을 느끼게 된다. 매주일 똑같은 일, 똑같은 성가대가 부르는 똑같은 찬송들, 똑같은 설교가 반복된다. 사단은 식은 죽 먹는 것보다도 더 쉽게 그들을 어둠의 왕국으로 되밀어 넣는다.

● 이루시는 분은 오직 하나님뿐!

누구를 탓해야 하는가? 사람들은 자주 성장해야 한다는 말을 듣는다. 그러나 우유밖에 공급받지 못한다면 어떻게 성장할 수 있겠는가? 우유는 일정 기간 동안은 좋은 음식이지만, 아이는 곧 영양가가 더 많은 다른 것들을 필요로 한다.

그렇다고 해서 목사 한 사람에게만 책임이 있는 것이 아니다. 왜냐하면 신학교와 신학대학에서도 간혹 그들을 훈련하지 않기 때문이다. 그래서 비록 목자라 해도 그들이 아는 것이라고는 고작 우유를 데우는 일뿐이다. 그런 그를 어찌 탓할 수 있겠는가?

우리 모두는 그동안 몸담고 자라 온 어떤 '구조'의 희생자들이다. 우리는 그 구조로부터 도망할 수 없다. 이미 거기에 꼼짝없이 붙들려 있기 때문이다. 그러나 잠깐 멈추어 서서 지금 무엇을 하고 있는지 생각해 볼 수는 있다. 만일 그 일들을 멈추고, 하나님께서 이것을 기뻐하시는지 그렇지 않은지 그분께 묻지 않는다면, 그때는 모든 잘못에 대한 책임은 우리가 져야 한다.

내 경우, 일을 멈추는 일이 몹시 힘들었다. 우리 집 전화는 여느 때와 같이 아침부터 저녁까지 울려 댔다. 나는 언제나 우리 교회의 각 기관(나는 이 기관들을 가장 중요한 것으로 생각했다)에 활력을 불어넣는 일을 해야 했다. 그렇지 않았다면 그 기관들은 다 넘어지고 말았을 것이다. 아르헨티나의 목사들은 아주 바쁘다. 왜냐하면 전 교회에서 차를 가진 몇몇 중에 목사도 포함되기 때문이다. 그래서 목사들은 모든 사람의 운전기사이다. 다른 임무 외에도 환자를 병원에 실어 나르는 등의 일도 해야 한다.

그러나 참으로 감사하게도 나는 이 모든 일에서 손을 뗄 수 있었다.

이 일로 말미암아 우리 교회에는 일대 혁신이 일어났다.

나는 인간적인 생각으로 계획을 먼저 짜지 않았다. 사실 처음에는 내가 이미 계획을 다 짜 두고는 이렇게 기도했다.

"주님, 제가 전에 계획했던 것들을 이루어 주시옵소서!"

그러나 이제는 다르다. "주님, 제가 어떤 일을 하기 원하십니까?"

우리 목사들은 수많은 일을 계획하지만 그 가운데 몇 가지만 이룬다. 여러 교회를 다니면서 보면 많은 목사들이 이렇게 말한다.

"다음달에 우리는 이 프로그램을 시작합니다. 모든 계획이 다 서 있고 실행에 옮기기만 하면 됩니다."

그러나 한참 뒤 그 목사를 다시 만나 "목사님, 그 프로그램은 어떻게 됐습니까?" 하고 물으면, "아, 그 프로그램은 시행되지 못했습니다. 하지만 내주 중에 다른 것이 시작됩니다…"라고 변명한다.

왜 우리의 계획은 번번이 실패하고 마는가? 그것은 어린아이들에게 그 일을 맡기기 때문이다. 어린아이에게 의존해서는 일을 이룰 수 없다. 그들은 맡은 일을 꼭 이뤄 낼 것인 양 "제가 하지요, 적절히 조치하겠습니다, 책임지고 제가 하겠습니다"라고 말하지만, 중간에서 흐지부지하고 만다.

● 조금씩 천천히는 안 된다

주님께서는 우유를 주는 것에만 그치는 내 설교에 문제가 있음을 일깨워 주셨다. 나는 스스로 훌륭한 설교자라고 생각했다. 그러나 내가 설교해 온 것들은 히브리서 기자의 말을 빌리자면 '도의 초보', 바로 그것이었다.

- 회개
- 신앙
- 씻음(washing, 세례)
- 안수(성령의 세례를 뜻한다. 초대 교회에서는 세례받는 사람이 물 속에 있고 세례 베푸는 사람이 안수할 때, 곧 성령이 임했다)
- 죽은 자의 부활
- 영원한 심판

이것이 내가 지난 20년 동안 설교한 모든 것이었다. 주일 학교 공과 역시 여기서 한 치도 벗어나지 않았다. 그래서 이번에는 신학교에서 배운 내용들을 떠올려 보았다. 역시 마찬가지였다. 내 말이 믿기지 않는가? 어떤 신학 서적이든 그 목차를 보라. 성경론, 신론, 인간론, 그 다음에 구속론, 성령론 다음에 재림과 종말론이 나올 것이다. 이것이 전부이다. 킹 제임스 역본에 나오는 것처럼 "하나님의 계시에 관한 첫 번째 원리들"이라는 제목 이상의 아무것도 발견할 수 없다.

나는 구원, 성령, 세례, 신유 그리고 재림이라는 네 가지 기본 교리에 관해 설교하는 것을 자랑스럽게 생각하는 교파에 속해 있다. 일반적으로 '순복음'(Full Gospel)이라고 부른다. 물론 우리 가운데도 성령 세례 대신 성결(holiness)을 두 번째로 치는 사람들이 있다.

어쨌든 히브리서 기자가 '초보'라고 부른 것이 어떻게 순복음이 될 수 있단 말인가? 남을 헐뜯자는 이야기가 아니다. 나에게도 큰 잘못이 있다. 이 모든 것들 즉 회개, 신앙, 물 세례, 성령 세례, 마지막 때를 위한 준비 등이 초대 교회에서는 한 사람이 구원받은 바로 그날에 모두 다 가르쳐졌다는 사실을 발견하고, 나는 아연 실색하지 않을 수 없었다. 이것은 초대 교회 성도들에게 있어서 성숙을 향한 출발선이었다.

얼마 전, 다른 교파 출신 목사님이 내게 말했다.

"오르티즈 목사님, 저는 요즘 깊은 물 가운데로 들어가고 있습니다. 제가 전에 알지 못했던 복음의 새로운 국면을 맛보고 있어요."

내가 물었다. "도대체 그것이 무엇입니까?"

"형제님, 저는 이제 방언을 말한답니다!"

"그 정도는 아무것도 아닙니다. 초대 교회에서는 구원받자마자 그 즉시 방언을 말했습니다. 형제님은 스스로 상당한 경지에 올랐다고 생각하시지만, 사실은 아직도 기본 도리에 머물러 있는 겁니다. 우리 대부분이 그런 것처럼 말입니다."

언젠가는 우리 노회에 속한 한 소년이 내게 와서 이런 말을 했다. 그 말을 듣고 얼마나 곤혹스러웠는지 모른다.

"목사님, 저는 일 년 전부터 구원의 확신을 가지고 있습니다. 저는 육 개월 동안 교회에서 수없이 많은 것들을 배웠습니다. 그러나 제가 아는 것은 남들도 다 아는 것 같습니다. 그저 겨우 제 한 몸을 지탱해 나갈 뿐이지, 몸이 자라듯이 신앙도 자라지는 않습니다."

왜 그 소년의 목사님은 소년에게 우유 이외의 다른 것을 주지 않는 것일까?

나는 단단한 음식이 어떤 것이 되어야 할지 이해하려고 노력하기 시작했다. 그때 바울이 고린도 교인들에게, 아직 우유를 먹어야 하는 아이들이기 때문에 단단한 음식을 줄 수 없노라고 말하는 대목을 발견했다. 바울은 고린도전서에서 무엇에 대해 말했던가? 교회 안의 음행, 형제들 간의 분쟁, 결혼 문제, 우상에게 바쳐진 음식, 방종, 여인들의 옷차림, 성만찬의 남용, 은사들, 죽은 자의 부활, 연보 사용하는 법 등에 관해 말했다. 바울은 분명히 말했다. 젖(우유)밖에는 줄 것이 없다고. 그는 2장에서 단단한 음식이 무엇인지 대충 짐작할 수 있도록 암시를 주고 있다.

그러나 우리가 온전한 자들 중에서 지혜를 말하노니 이는 이 세상의 지혜가 아니요 또 이 세상의 없어질 관원의 지혜도 아니요 오직 비밀한 가운데 있는 하나님의 지혜를 말하는 것이니 곧 감추었던 것인데 하나님이 우리의 영광을 위하사 만세 전에 미리 정하신 것이라 이지혜는 이 세대의 관원이 하나도 알지 못하였나니 만일 알았더면 영광의 주를 십자가에 못박지 아니하였으리라 기록된 바 하나님이 자기를 사랑하는 자들을 위하여 예비하신 모든 것은 눈으로 보지 못하고 귀로도 듣지 못하고 사람의 마음으로도 생각지 못하였다 함과 같으니라 오직 하나님이 성령으로 이것을 우리에게 보이셨으니 성령은 모든 것 곧 하나님의 깊은 것이라도 통달하시느니라 사람의 사정을 사람의 속에 있는 영 외에는 누가 알리요 이와 같이 하나님의 사정도 하나님의 영 외에는 아무도 알지 못하느니라 우리가 세상의 영을 받지 아니하고 오직 하나님께로 온 영을 받았으니 이는 우리로 하여금 하나님께서 우리에게 은혜로 주신 것들을 알게 하려 하심이라 우리가 이것을 말하거니와 사람의 지혜의 가르친 말로 아니하고 오직 성령의 가르치신 것으로 하니 신령한 일은 신령한 것으로 분별하느니라 육에 속한 사람은 하나님의 성령의 일을 받지 아니하나니 저희에게는 미련하게 보임이요 또 깨닫지도 못하나니 이런 일은 영적으로라야 분변함이니라 신령한 자는 모든 것을 판단하나 자기는 아무에게도 판단을 받지 아니하느니라 누가 주의 마음을 알아서 주를 가르치겠느냐 그러나 우리가 그리스도의 마음을 가졌느니라(고전 2:6-16).

2장 16절에 이어 3장 1절은 '그리스도 안에 있는 어린아이들'에 관해 다시 말한다. 바울이 2장에서 말한 것은 무엇인가?

바울은 "말할 수 없는 말을 들었으니 사람이 가히 이르지 못할 말이로다"(고후 12:4)라는 구절을 통하여 천상을 다녀온 자신의 경험을 들려준다. 하나님 외에 누가 그의 경험에 대해 알 수 있겠는가? 더구나 그는 신약 어디에도 그때 경험을 밝히지 않았다. 알다시피 지금 전해지는 바울 서신들은 후대에 편집된 것들이다. 따라서 그가 가르치고자 한 본류

(mainstream)를 알 수 없다. 우리는 바울이 고린도, 안디옥, 드로아, 데살로니가와 그 밖의 여러 도시에서 실제로 무엇을 가르쳤는지 세세하게 다 알 수 없다.

로마서의 주제는 무엇인가? 회개이다. 내가 이번 장을 시작하면서 인용한 구절들이 분명히 밝히는 바와 달리, 히브리서는 교회 안의 영적 아이들을 격려하기 위해서 평가 절하되고 있다. 신학교에서 로마서와 히브리서는 3학년 때야 배울 수 있는 '난해한' 서신서로 정해져 있다.

우리가 그나마 유익한 우유조차 마시지 않았고 마신 우유도 제대로 소화시키지 못했다는 사실은 매우 부끄럽지만 그래도 인정해야 하는 사실이다. 그렇지 않다면 '이 세상으로 말미암지 않은 지혜'와 우리가 무슨 상관이 있겠는가?

성 장

그가 혹은 사도로, 혹은 선지자로, 혹은 복음 전하는 자로, 혹은 목사와 교사로

주셨으니 이는 성도를 온전케 하며 봉사의 일을 하게 하며 그리스도의 몸을 세우려

하심이라 우리가 다 하나님의 아들을 믿는 것과 아는 일에 하나가 되어 온전한 사람을

이루어 그리스도의 장성한 분량이 충만한 데까지 이르리니.

— 엡 4:11-13

주님께서 내게 우리의 성장에 관한 문제를 말씀하실 때, 에베소서의 구절들을 보이셨다.

나의 직무는 성도들로 하여금 모든 덕을 고루 갖추게 하고, 그들을 성숙의 길로 이끄는 것이다. 그러나 나는 미처 그걸 깨닫지 못했다. 어떻게 하면 사람들의 흥미를 끌 수 있는지 배웠을 뿐, 완전한 사람을 만드는 법은 배우지 않았다. 교회가 벌이는 많은 사업들이 사실은 이러한 배경 즉, 흥미를 유발시키고, 지속시키며 사람들을 그것에 몰두시키려는 목적에서 행해진다.

많은 목사들이 내가 그들의 교회에 들어서자마자 이렇게 말한다.

"오르티즈 형제, 새로운 사업 계획 없습니까? 장년부 활성화를 위한 묘안이 없을까요? 청년들을 위한 획기적인 계획을 가지고 있습니까?"

교인들을 붙잡아 두기 위해 언제나 새롭고 감각적인 행사를 항상 찾아 헤맨다. 만일 우리가 그들이 죽을 때까지 하나님의 은혜에서 떠나지 않도록 할 수 있다면, 그것이 곧 성공이라고 생각한다. 그러나 그것은 목사가 해야 할 사역의 영역이 아니다. 히브리서 기자가 자기 수신자들에게 다음과 같이 말했다.

"때가 오래므로 너희가 마땅히 선생이 될 터인데 너희가 다시 하나님의 말씀의 초보가 무엇인지 누구에게 가르침을 받아야 할 것이니"(히 5:12).

절대 놀랄 일이 아니다. 히브리서 기자는 보다 발전적인 사태를 기대해 왔음이 틀림없다. 즉, 그는 평신도들이 언젠가는 교사가 될 것이라고 생각했던 것이다.

● 섬기는 사람을 훈련시켜라

에베소서 4장은 사도와 선지자와 목사들은 섬기는 직분이 아니라고 말한다. 오히려 그들은 성도들로 하여금 섬기는 사람이 되게 하는 일을 한다는 것이다. 건축가는 다른 사람들이 집을 지을 수 있도록 설계하는 사람이지, 직접 집을 짓는 사람은 아니다. 만일 건축가가 벽돌도 쌓고 집도 지어야 한다면, 그는 일생 동안 겨우 집 한 채 정도 지을 수 있을 것이다. 그러나 각 영역별로 전문화한다면 그는 한 번에 대여섯 채의 집을 지을 수도 있다.

현대 교회는 사도적인 사역 방법을 배워야 한다. 우리에게는 하나님의 청사진을 제시하고, 신자들로 하여금 서로 집을 세울 수 있도록 훈련시킬 수 있는 지도자가 필요하다.

덧붙여 말할 것이 있다. 건축가는 다른 건축가들을 훈련시킨다. 이 말을 성경의 언어로 바꾸어 말하면 목사가 목사를 낳고, 양이 양을 낳는다는 말이 될 수 있다. 왜 양은 어미 양의 젖을 먹지 않으면 안 되는가? 그것이 가장 자연스러운 방법이고, 그렇지 않으면 성장할 수 없기 때문이다. 바로 여기에 교인 증가의 열쇠가 있다.

바울은 말하기를, 궁극적인 목표는 '그리스도의 장성한 분량이 충만한 데까지 이르는' 것이라고 했다. 성부께서는 모든 사람이 예수님만큼 자라기를 원하신다. 목사들이 먼저 성숙해야 한다. 그런 다음에야 양들에게 동일한 성장을 가져다 줄 수 있는 준비를 할 수 있다.

계속해서 바울은 14-15절에서 말한다.

"이는 우리가 이제부터 어린아이가 되지 아니하며 … 모든 교훈의 풍조에 밀려 요동치 않게 하려 함이라 오직 사랑 안에서 참된 것을 하여 범사에 그에게까지 자랄지라."

우리의 자랑은 학교와 유사하다. 1학년에 들어가면 유치원에 관한 모든 것을 다른 사람에게 가르칠 수 있다. 일 년 뒤에는 2학년만큼 나아져야만 하고, 1학년 때 배운 것을 남에게 가르칠 수 있어야 한다. 그래서 우리 목자들은 더 이상 복음의 기본 도리를 가르치지 않아도 된다. 하지만 복음의 기본 도리는 여전히 많은 사람들을 통해 이야기된다. 더 높은 수준의 사람이 좀 더 낮은 수준의 사람을 가르치는 것이다. 이렇게 해서 성장은 계속되는 것이다. 물론 이 말은 복음의 기본 도리를 목자는 그만 무시해도 좋다는 뜻은 절대 아니다.

만약 바울이 디모데, 빌레몬, 에바브라 그리고 다른 사람들을 제자로 키우지 않았다면, 어떻게 이 세상을 그리 홀가분하게 떠날 수 있었겠는가? 예수님은 당신을 꼭 닮은 열두 명을 이 땅에 남겨 놓으셨기 때문에 평온하게 승천하실 수 있었다. 그분의 열두 제자들은 "우리에게 다른 목사님을 보내주십시오. 전임 목사님께서 소천하셨습니다"라고 노회장(bishop)에게 편지를 보내지 않았다. 그들은 자랐다. 그리고 그분의 발자취를 따를 준비가 되어 있었다.

● 가장 좋은 훈련 기관은 교회다

그런데 현대 교회에서는 그리스도의 사역을 감당하고자 훈련받기 위해서는 교회를 '떠나' 신학교로 '향해야만' 한다. 왜 이렇게 된 것일까? 그 이유는 교회가 제 할 일을 하지 않고 있기 때문이다. 만일 목사들이 성경이 말하는 것처럼 성도들로 하여금 봉사의 일을 하게 한다면, 신학교는 더 이상 필요하지 않게 될 것이다. 하나님께서는 교회라는 단 한 기관만을 지상의 대리자로 허락하셨다. 교회 하나만으로 그분의 뜻을 알고 받들기에 충분하다.

좀 더 자세히 설명하면, 나 또한 신학교, 성경 교육 기관 그리고 초교회적(extrachurch) 조직을 반대하지 않는다. 교회는 참 약한 존재이다. 그래서 목발이 필요하다. 진실로 교회에 지팡이를 허락하신 주님께 감사 드린다! 그러나 지팡이 공장을 만드는 데 시간을 허비해서는 안 된다. 그보다 교회의 치유에 관심을 쏟아야 한다.

때가 되면, 다리를 다친 환자도 목발을 놓아야 한다는 점을 기억하자. 신학교, 대학생 선교 단체 그리고 그 밖의 기관들을 반대할 아무런 이유도 없다. 그것들은 우리가 바르게 설 수 있도록 도와준다. 그러나 다 나은 다음에는 목발을 과감히 치워 버려야 한다. 교회가 제 힘으로 설 수 있는 날을 위해 기도하자.

그러면 교회가 치유되고 있음을 어떻게 알 수 있을까? 교회는 그 지도력을 정당하게 행사할 줄 알아야 그리스도 안에서 자랄 수 있게 될 것이다. 바울은 고린도전서 12장 28절에서 직분의 서열을 설명한다.

"하나님이 교회 중에 몇을 세우셨으니 첫째는 사도요 둘째는 선지자요 셋째는 교사요 그 다음은 능력이요 그 다음은 병 고치는 은사와 서로 돕는 것과 다스리는 것과 각종 방언을 하는 것이라."

성장에 대해 생각하기 전까지, 나는 "첫째는… 둘째는… 셋째는… 그 다음은" 하는 문구에 전혀 신경 쓰지 않았다. 사실 병 고치는 일, 다스리는 일, 방언도 하기 때문에 내 사역이 대단히 고차원적인 것이라고 생각했다. 이런 일들이 사다리의 맨 밑 칸에 해당한다는 걸 미처 알지 못했다. 주님께 간절히 구한 이후에야, 이 구절이 피라밋 구조로 되어 있음을 주님께서 알게 해 주셨다. 사도는 한편으로 예언하고 가르치고 기적과 병 고침을 베풀고 남을 돕고 다스리며 각양 방언을 하던 사람이었다.

그제야 방언이 졸업장이 아니라 신앙 입문으로써 받는 은사임을 알았다. 우리 교회에 방언을 말하는 사람이 200명에서 600명으로 늘어났다 해도, 이것은 자란 것이 아니라는 것이다. 단순히 살만 찐 것에 지나지 않는다.

하나님의 자녀들이 왜 자연스럽게 증가하지 않는지 깨달았다. 거의 모든 가정에서 둘째아이가 태어날 무렵, 첫째아이는 두세 살이 된다. 셋째아이가 태어날 즈음이면 둘째는 아장아장 걷기 시작하고, 첫째는 학교 갈 나이가 된다.

그러나 교회에서는 둘째아이가 태어나도 첫째는 여전히 아기이다. 교회에 많은 아기가 태어나면 태어날수록, 우리는 한번에 더 많은 아기들의 기저귀를 갈아 주어야 한다. 이와 반대로 목사들과 양들이 모두 자란다면, 그 교회는 균형을 이루게 된다.

바울을 보라. 그도 처음부터 사도가 아니었다. 처음에는 여러 교회에서 증거하는 한 사람의 제자에 불과했다. 아나니아가 그에게 안수했을 때, 그는 처음으로 방언을 말했을 것이다(행 9장). 그는 계속해서 자랐다.

사도행전 11장과 12장에서는 바나바의 조력자로 나타난다. 그때 병 고치는 은사와 표적 베푸는 능력이 그에게 따랐을 것이고, 이어서 사도행전 13장 1절에서, 안디옥에 있던 선지자들과 교사들 가운데 한 사람으로 언급된다. '그 다음에' 그는 사도로 세움 받는다.

● 믿고 맡기고 떠나는 용기

　모든 그리스도인들의 사역은 이러한 방향으로 발전한다. 현대 교회의 실정은 어떠한가? 목사들은 성장으로 향하는 길 어디에서인가 멈추어 섰다. 방언을 말할 줄도, 다스릴 줄도, 남을 도울 줄도, 신유를 행할 줄도 또는 가르칠 줄도 안다. 성장을 멈춘 것이다. 마치 코르크 마개와 같이 되어 버렸다. 양떼들은 거듭 자라나고 자꾸 불어나서 빽빽한 한 무리를 이루었지만, 목자인 우리가 꽉 막고 서서 양떼까지도 더 이상 자라지 못하게 하는 것이다. 양들은 설교를 듣고 이내 우리가 알고 있는 모든 것을 알아 버린다. 그리고 나면 우리에게는 중압감밖에 남지 않는다.

　목사가 자원해서 코르크 마개가 되는 것은 아니다. 앞에서도 말했지만 다른 사람들과 마찬가지로 그도 구조의 희생물이다. 항상 이런 식으로 일이 어긋나 왔다. 목사 자신이 지쳐 버리면, 노회장에게 이임 청원을 낸다. 그러면 노회장은 목사 한 사람을 새롭게 보내서 그를 대신하게 한다.

그러나 감독제 교회가 아닌 곳에서는 문제가 한층 더 심각하다. 바닥이 퉁겨 나가고 마개가 날아갈 때까지, 병 안의 압력은 점점 높아만 간다. 폭발로 인해 그 자신이 튀어나가기도 하지만, 간혹 이로 인해 더 이상 사역을 감당하지 못할 만큼 심각한 상황에 처하기도 한다.

물론 목사는 사도로서 권위를 가지고 바르게 서서 나아가고, 평신도는 그의 뒤를 잘 좇아간다면 이런 문제는 일어나지 않을 것이다.

목사가 한 교회의 영적 아버지라면, 2년 혹은 3년에 한 번씩 목사가 바뀌어서는(쫓겨나서는) 안 된다. 2년마다 아버지를 갈아치우는 집이 어디 있는가? 현대 교회는 회기마다 의장을 선출하는 사교 모임과 다를 바가 없다. 그러나 가족이라면, 진정 한 핏줄이라면 함께해야 한다. 한 가정의 아버지는 자라나는 자녀들을 전적으로 책임진다.

사도행전 13장에서 바울과 바나바가 그랬던 것처럼, 목사는 사도로서 세움 받을 준비를 점차 갖추어야 한다. 그들은 교회의 큰 목수가 되어 교회 구석구석을 돌아보았다. 이제 그들은 새로운 교회를 세울 채비를 해야 한다.

북미 주에 체류하는 동안, 부에노스아이레스에 있는 제자들에게서 종종 편지가 왔다. 편지에는 "목사님이 떠나신 후로 저희가 얼마나 울었는지 모릅니다. 지금도 울고 있습니다. 그러나 떠나신 이후에야 목사님 없이 지내는 것이 얼마나 필요한지 알게 되었습니다"라고 쓰여 있었다. 4년 전만 해도 그들 가운데 일부는 자발적으로 "아멘"을 외치지도 못했던 사람들이다. 그런데 이제 그들은 어엿한 목사들이다. 그들이 내 자리를 지켜 주는 덕분에 나는 일 년에 칠팔 개월 정도 교회를 떠나 여행할 수 있다. 내가 교회를 지키고 앉아서 코르크 마개 노릇이나 하고 있었다면, 그들은 설교하고 예배를 인도하지 않았을 것이다. 내가 떠남으로써 그들이 나섰고, 곧 성장할 수 있었다.

예수님도 자신의 회중으로부터 떠나셨다. 아예 이 땅에서 떠나신 것이다. 왜? 제자들이 홀로 남아 자라야 했기 때문이다. 그런데 오늘날 거꾸로 된 교회에서는 누가 새로운 교회들을 세우기 위해서 파송되는가? 신학교를 갓 나온 햇병아리들이다! 나는 겨우 스무 살에 사역을 시작했다. 처음에 무엇을 어떻게 해야 할지 몰랐다. 나는 과수원을 조성한 것이 아니라, 한 구석에 열매 걸이(fruit stand)를 만들어 놓았을 뿐이다. 그리고는 이 열매 걸이에 끊임없이 열매를 걸어야 했다. 열매 걸이는 아무리 시간이 지나도 스스로 생명을 만들어 낼 수 없었다. 교회를 비워야 할 피치 못할 일이 생기면 나는 다른 목사님을 불러서 부탁했다. "오셔서 저의 열매 걸이들에게 설교해 주십시오. 저는 나갑니다."

교회의 큰 일꾼인 바울과 바나바는 살아서 자라는 유실수를 심는 훈련을 받았다. 그들은 한 곳에 몇 개월 정도 머무르다 다른 곳으로 떠났다. 몇 년 뒤, 바울은 제안했다.

"우리가 주의 말씀을 전한 각 성으로 다시 가서 형제들이 어떠한가 방문하자"(행 15:36).

각 성을 방문해 보니, 정말 그들이 심은 나무들이 거기서 자라고 있었다.

데살로니가를 떠나온 뒤 바울은 그들에게 편지했다.

"…마게도냐와 아가야에만 들릴 뿐 아니라 하나님을 향하는 너희 믿음의 소문이 각처에 퍼진 고로 우리는 아무 말도 할 것이 없노라 저희가 우리에게 대하여 스스로 고하기를 우리가 어떻게 너희 가운데 들어간 것과…"(살전 1:8-9).

성령께서 안디옥에서 "내가 불러 시키는 일을 위하여 바나바와 사울을 따로 세우라"(행 13:2)고 명하신 이유를 말하지 않아도 알 것이다.

그런데 오늘날은 모두 거꾸로 되었다. 성공한 목사란 아주 오랫동안 한 교회에서 사역한 사람으로 평가된다. 초대 교회는 그렇지 않았다. 제자들을 빨리, 그리고 잘 양육해 놓고 새로운 과업을 향해서 훌훌 떠나는 사람이 훌륭한 사역자였다. 교인들로부터 쫓겨났던 것이 아니다. 영적 자녀들에게 교회를 맡기고 다른 곳을 향해 떠날 수 있는 사람이었다. 바울이 안디옥으로 되돌아왔듯이 그는 언제고 본래 사역지로 되돌아올 수 있었다.

오늘날의 선교사들과 같다고 생각해서는 안 된다. 일반적으로 미국 목사들이 가장 진취적이라고 생각한다. 그러나 엄밀히 말해 선교사는 사도가 아니다(이 두 단어는 같은 헬라어 어근에서 나왔다). 그들은 목사일 따름이다. 미국에서 목사인 그들은 아르헨티나로 날아와서도 목사이다. 비행기를 타고 왔다고 해서 목사가 선교사로 둔갑하지는 않는다.

아르헨티나 목사가 한 달에 2백 달러를 들여 할 수 있는 똑같은 일을 미국인들이나 캐나다인들은 더 많은 비용을 들여서 한다. 무엇으로 그가 참 사도, 선교사인 줄 알겠는가? 그의 안에 있는 경험과 하나님의 은사를 보아야 한다. 그는 오직 경험과 하나님의 은사에 의지해 전 지역을 위한 전략을 세우고 일꾼들을 기르며 어디에나 산 유실수들을 심는다.

우리는 모두 자라야 한다. 언제까지 계속될지 모를 유년기를 청산하고, 우리 스스로 준비된 사람이 되어야 한다. 나아가 다른 이들로 하여금 하나님의 나라를 전파할 수 있는 사람이 되도록 단단한 음식을 섭취해야 한다.

13장
Disciple

회원이냐, 제자냐!

너희도 산 돌같이 신령한 집으로 세워지고 예수 그리스도로 말미암아

하나님이 기쁘게 받으실 신령한 제사를 드릴 거룩한 제사장이 될지니라

－벧전 2:5

　　베드로전서 2장 5절 말씀만을 진리라고 받아들이면, 몇몇 아니
그보다 훨씬 더 많은 교회는 신령한 집이 아니라, 이리저리 널린 벽돌
더미이다. 신령한 집과 벽돌 더미는 천양지차이다.

　교인 한 사람 한 사람은 벽돌이다. 저마다 더 많은 벽돌을 모으기 위
해서 애쓴다. 목사 역시 보다 많은 벽돌을 자신의 공사 현장으로 가져오
려고 복음 사역에 힘쓴다. 이때 벽돌 더미를 아무렇게나 두면 아주 위험
하다. 왜냐하면 한눈에 확인할 수 없기 때문에 누구라도 훔쳐갈 수 있기
때문이다. 목사와 교인들은 다른 교회 교인이 와서 '자기' 교회로 벽돌
을 훔쳐 가지 못하도록 항상 신경을 곤두세워야 한다. 사실이지 벽돌들
을 지키고 비축하는 데 너무 바빠서, 건물은 전혀 쌓아 올라갈 줄을 모

른다.

그리스도인 한 사람 한 사람은 하나님의 벽돌이다. 그러나 우리는 무게를 지탱하고 힘을 받는 그분의 집의 벽은 아니다. 만일 그렇다면, 우리 밑에는 어떤 벽돌들이 있고 위에는 어떤 것들이 있으며, 서로 어떤 관계를 가지고 있는지 알고 있으리라. 하지만 우리는 어떠한가? 서로를 감시하는 데 모든 시간을 보내고 있다. 누가 떨어져 나가지나 않을까 항상 애를 태운다. 그러는 동안 자기들을 맞아들일 따스한 집을 냉담한 시선으로 바라보는, 교회 밖의 구원받지 못한 이들은 까맣게 잊어버리고 만다.

만일 목사가 우리들을 집의 어느 벽을 이루게 하려고 하면 우리는 그리 달가워하지 않는다. 교회도 민주화되어야 한다고 덧붙이고는 어떤 사람에게도 순복하지 않는다. 오직 다수결에만 승복할 뿐이다. 이런 이들은 때로는 다수결조차 통하지 않는다. 언젠가 그리스도인들이 이런 말을 자랑스럽게 하는 것을 들은 적이 있다.

"나는 어떤 사람도 따르지 않습니다. 그리스도만을 따를 뿐이지요."

아주 경건하게 들리지만, 사실은 크게 잘못된 말이다. 이 말은 모든 일을 자기 마음대로 하고 싶다는 뜻이다. 그는 그리스도를 따른다는 것이 무엇인지조차 모르는 사람이다.

바울은 "내가 그리스도를 본받는 자 된 것같이 너희는 나를 본받는 자 되라"고 말했다(고전 11:1). 말씀대로 살지 못하는 목사들은 바울처럼 말하기를 두려워한다. 그래서 대신 "형제님, 저를 보지 마시고 말씀만을 따라가세요"라고 말한다.

목사의 말은 "노력은 했지만 실천할 수 없었습니다. '당신'도 노력해 보시지요?"라는 말과 똑같다. 그러니 평신도들이 낙심하는 것도 무리가 아니다. 목사가 성경 말씀대로 살 수 없다면 도대체 누가 할 수 있다는 말인가?

바울은 주저 없이 본이 되었다. 그는 빌립보의 성도들에게 "너희는 내게 배우고 받고 듣고 본 바를 행하라 그리하면 평강의 하나님이 너희와 함께 계시리라"고 말했다(4:9). 바울의 방법은 민주적이지 않지만 튼튼한 집을 짓는 첩경일 수 있다. 왜 이 방법대로 교회를 세워야 하는가? 바로 번식(multiplcation)의 원리이다.

한번은 한 아르헨티나의 할머니가 나에게 한 소녀를 소개해 주었다.

"얘가 내 손녀입니다."

"아, 그러십니까?"

"예, 제게는 증손자 증손녀들이 있어요. 그 중에 한 애는 벌써 열다섯 살인데, 그 애가 결혼하면 손자까지 생기게 되지요."

"슬하에 몇 자녀를 두셨습니까?"

"여섯입니다."

"그러면 지금 손자, 손녀가 모두 몇 명입니까?"

"서른여섯 명이에요."

"증손자, 손녀들은 어떻게 되십니까?"

"글쎄요, 헤아려 본 적이 없어요."

확률로 따지자면, 그 할머니는 216명의 증손들과 1,296명의 고손자, 고손녀들을 거느리게 된다.

할머니의 자녀들은 사회에서 각기 자기 자리를 잘 찾아갔다. 아들 하나는 의사, 다른 하나는 변호사, 둘은 농부, 또 한 아들은 택시 운전사였다. 그녀의 손자들 가운데는 엔지니어들과 다른 전문직 종사자들이 많이 있었다.

만약 내가 그 할머니에게 "어떻게 그 많은 아이들을 모두 다 잘 먹이고 입히고 교육시켰습니까?"라고 물었다면, 그녀는 이렇게 대답했을 것이다. "어떻게 다 키웠겠어요. 나는 여섯 애만 키웠을 뿐입니다."

할머니의 자녀들 역시 자기 자녀들만을 양육했다. 안타깝게도 교회에서는 이러한 번식의 법칙을 찾아볼 수 없다. 가엾은 목사들이 모든 교인을 책임져야 한다. 교회가 자라나고 확장되며, 벽돌을 그저 모으는 것뿐 아니라 건물을 짓기 원한다면 할머니로부터 배워야 한다. 사람들로 제자를 삼아 그들이 보다 많은 사람들을 제자로 삼도록 해야 한다. 고아원 원장이 아니라 아비가 되어야 하는 것이다.

● 함양과 세움

예수님도 같은 방법을 쓰셨다. 그분이야말로 비교할 수 없이 훌륭한 목사가 아니셨던가? 그런데도 그분은 열두 명의 제자밖에 키우지 않으셨다. "무리를 보시고 민망히 여기시니 이는 저희가 목자 없는 양과 같이 고생하며 유리함이니라"(마 9:36).

왜 그러셨을까? 그분은 선한 목자가 아니셨던가? 그렇다. 분명 선한 목자이셨다. 그러나 예수님이라도 한 목자가 수천 수만의 양떼를 다 돌볼 수는 없었을 것이다. 그분이 한번에 열두 명의 제자만을 키우실 수 있었다면, 나야 오죽하겠는가?

예수님은 그들을 이용해 집을 잘 지으셨다. 그리고 당신이 승천하셨을 때, 그들은 스스로 무엇을 해야 하는지 알았다. 예수님이 자기들을 그렇게 하셨던 것처럼 가서 다른 사람들을 제자로 삼은 것이다. 작은 단위로 이 집에서 저 집으로 다니면서 가르치기도 하고, 서로 나누기도 하였다.

그러나 현대 교회는 제자들처럼 하지 않는다. 주일이면 고아원 식당에 우르르 몰아 놓고 "자, 여기 음식이 있으니 입을 벌리시오"라고 말한다. 음식을 한 더미씩 쓸어 넣은 다음에는 "자, 안녕히 돌아가십시오. 다음 주일까지 당신은 잊힌 존재입니다"라고 말해 버린다.

아이에게는 이렇게 먹여서는 안 된다. 한 아이씩 차례로 팔에 안고 우윳병을 입에 물려야 한다. 아이가 조금 크면 저 혼자 우윳병을 잡고 먹을 수 있게 되고, 마침내 우리를 도와 동생들 우유 준비하는 일을 할 수 있게 될 것이다. 자연히 가정에서 그 아이가 차지하는 비중은 더욱 커진다.

큰 아이를 다루는 일은 함양(edifying)과 세움(building up)의 일이지 돌봄(caretaking)이 아니다.

스스로에게 무엇을 함양(선양)하고 있는지 자문해 보자. 교단의 위신을 선양하는가? 나는 오랫동안 이런 일을 했다. 신앙, 선교 대회 같은 모임에서 우리 교파의 덩치가 크다는 데 대단한 자부심을 느꼈다. 왜냐하면 우리 교파는 그야말로 '작은 왕국'이었기 때문이다.

그때 바울이 우리에게 한 말, 곧 "그리스도의 몸을 세우려 하심이라"(엡 4:12)는 말의 의미를 깨달았다. 하지만 대부분 이 말을 제대로 이해하지 못하고 있다. 그리스도의 온 몸이라는 차원을 생각하지 않고 침례 교인, 장로 교인, 순복음 교인의 입장에서만 생각한다. 일부와 전체를 혼동하기 때문에 이런 일이 일어나는 것이다.

바울은 고린도교회 성도들에게 '몸을 옳게 판단치 못하는'(고전 11:29), 킹 제임스 역본(King James Version)대로라면 '주의 몸을 분변치 못하는'(not discerning the Lord's body) 일이 매우 심각한 문제라고 지적했다. 성만찬 때 사용하는 한 덩이 떡의 의미는 비록 우리가 여러 사람이지만, 하나라는 것이다.

이해하지도 못하는 것을 어떻게 세울 수 있다는 말인가? 그럴 수 없다. 그래서도 안 된다. 우리는 스스로의 왕국, 교파, 몸의 다른 부분들을 희생시키는 계획들이 아닌, 한 건물이다. 그런데 우리는 어떠한가?

만약 자기 발을 칼로 자르는 사람을 본다면 당신은 다급하게 말릴 것이다.

"이게 무슨 짓이오?"

"내 발을 자르는 중이오!"

"아니, 멀쩡한 발을 왜 자른다고 합니까?"

"오른쪽 발이 왼쪽 발을 밟아서, 왼쪽 발이 오른쪽 발을 '잘라 버려!' 하고 말했기 때문이오."

이 사람은 제정신이 아니다. 그는 두 발 다 한 몸에 속했다는 점을 분별할 만한 분별력을 가지지 못했다.

밥을 먹으면서 혀를 씹어 본 경험이 있을 것이다. 그 아픔은 가히 형언할 수 없다. 그러나 혀를 씹었다고 해서 이를 몽땅 빼 버리겠다고 결심하지는 않는다. 혀가 말을 하는 능력을 가졌다고 해서 "이를 모조리 뽑아 버려!"라고 소리치지 않는다. 이 또한 한 몸에 속해 있다는 점을 기억해야 한다.

그리스도의 몸이 의미하는 바를 깨달아야 한다. 그리고 서로를 대적하며 자해하는 짓을 이제 그만두어야 한다. 자해를 계속하면서 몸에 난 상처를 의아해 하는 것만큼 어리석은 일은 없다. 교회가 한없이 나약하고 피를 흘리는 현실은 하나도 이상한 것이 아니다.

그리스도의 육신을 죽인 사람들, 그러니까 본디오 빌라도, 사형 집행관들, 유대 제사장들은 최소한 하나님의 뜻을 이루는 데 쓰였다. 예수님을 죽인 일은 정말 끔찍한 일이었지만, 적어도 이 사건으로 말미암아 예수님은 우리의 죄 값을 치르실 수 있었던 것이다.

우리는 왜 그분의 영적인 몸을 박해하는 것인가? 그분의 몸을 십자가에 못 박고, 상처 내고, 나누는 이유는 무엇인가? 아무 이유도 없다. 그렇기에 여기에 상응하는 형벌은 그 옛날 빌라도나 유다가 받은 형벌보다 더 무거울 것이다.

성만찬이 우리에게 가르치는 바는 몸, 즉 '온' 몸을 사랑하고 아끼고 세우라는 것이다. 이 점을 배우지 않는다면, 자기 발을 자르던 자와 다를 바가 없다.

온 몸은 미국식으로 말하자면 '하나로 뭉쳐진'(get it together) 것이어야 한다. 팔, 발, 귀가 서로 견고하게 연결되어야 한다.

"우리가 한 몸에 많은 지체를 가졌으나 모든 지체가 같은 직분을 가진 것이 아니니 이와 같이 우리 많은 사람이 그리스도 안에서 한 몸이 되어 서로 지체가 되었느니라"(롬 12:4-5).

● 제자와 회원

앞에서 에베소서 4장 11-15절에 관해 말한 바 있다. 이번에는 16절 말씀을 살펴보자. 이 구절은 그리스도에 대해 말한다.

"그에게서 온 몸이 각 마디를 통하여 도움을 입음으로 연락하고 상합하여 각 지체의 분량대로 역사하여 그 몸을 자라게 하며 사랑 안에서 스스로 세우느니라."

나름대로 강조해서 말하자면, 만약 지체들이 '연락하고 상합하지' 않으면, 그것은 몸이 아니라 사지를 얼기설기 엮어 놓은 것에 불과하다.

현대 교회에서 교인이 되려면 어떤 자격 조건을 갖추어야 하는가? 거의 모든 지역 교회는 세 가지 요건을 내세운다.

(1) 집회에 참석해야 한다.

(2) 헌금을 해야 한다.

(3) 인격적으로 성숙한 삶을 살아야 한다.

누군가 이러한 조건을 충족시키면, 다들 좋은 회원이라고 생각한다. 그는 유수한 친교 단체 회원과 같다. 모임에 참석하고, 회비를 상납하며 모임에 방해가 되는 일은 하지 않는다.

부에노스아이레스에 있을 때, 사복음서와 사도행전에서 앞에서 말한 세 가지 요건의 근거를 찾으려고 해 보았지만, 찾을 수 없었다. 사실, 회원이라는 단어는 그 어디에도 없었다. 초대 교회의 모든 행적 가운데서, 그 어디에도 교회에 회원들을 받아들였다든지 무슨 특별한 의식(儀式)을 치렀다든지 하는 기록은 어디에도 없었다.

오히려 사도행전을 읽으면서 삶과 교회를 혁신적으로 변화시킬 수 있을 만한 단어 하나를 발견했다. '제자'라는 단어이다. 그래서 이렇게 자문하였다.

"제자란 무엇인가?"

제자는 회원과는 다르다. 제자란, 스승의 삶을 본받아 살아야 한다. 그 다음에 스승이 했듯이 다른 사람에게 자기 삶을 가르쳐야 한다. 그러므로 제자도(discipleship)는 단순히 지식을 전달하고 홍보하는 것과는 아주 다르다. 제자도는 '생명'의 교류이다. 이런 이유 때문에 예수님은 "내가 너희에게 이른 말이 영이요 생명이라"(요 6:63)고 하셨던 것이다.

또한 제자도란 스승이 알고 있는 것을 알아 가는 것 이상이다.

그래서 성경은 제자들을 '만들어야' 한다고 말하는 것이다. 만든다는 것은 '말하는' 혹은 '입문시키는' 아니면 '교훈하는' 것 이상이다. 제자를 '삼는다는 것'은 복제(復製)에 의한 창조를 의미한다.

따라서 가르치는 자 역시 제자이어야 함은 두말할 필요가 없다. 교육의 일반적인 형태는, 아침에 아내와 다퉜다 하더라도 그날 교회에 가서 가정에서의 사랑에 대해 설교할 수 있다. 그러나 제자 삼는 일에는 이런 방법이 통하지 않는다. 제자는 스승과 많은 면에서 함께한다. 제자는 스승의 집에 머물며 스승의 삶을 보고, 나아가 스승을 모방한다.

어떤 사람이 나와 함께 일주일 동안 여행하고서 이렇게 부탁한다고 가정해 보자.

"후안 카를로스 씨, 교사라고 하셨지요? 그렇다면 시간을 좀 내셔서 제게 무엇이든 가르쳐 주십시오."

그러면 나는 이렇게 대답할 것이다.

"지난 칠 일 동안 저와 함께 있으면서도 아무것도 배우지 못했다면, 따로 가르쳐 드릴 것이 없습니다."

제자도란, 삶 그 자체이기 때문에 많은 말을 필요로 하지 않는다.

● 영혼을 성장시키는 성경 공부

가르침에는 계시(revelation), 양육(formation), 지식(information)이라는 세 가지 국면이 있다.

계시는 하나님만이 하실 수 있다. 만일 내가 당신에게 리우데자네이루에 관해, 도시의 분위기하며 구아나바라만, 슈거 로프산과 해변들에 관해 이야기한다 해도, 당신은 리우데자네이루를 안다고 말하지 못하리라. 당신이 알고 있는 것은 겨우 도시 이름 정도에 지나지 않는다. 직접 그 도시로 가서 당신의 눈으로 보지 않는 한 그 도시를 알 수는 없다. 마찬가지로 하나님은 그분을 안다고 말하기 전에, 우리에게 당신 자신을 세밀하게 계시하셔야만 한다.

사실, 리우데자네이루에 관한 나의 설명은 지식 전달이라는 최소한의 차원에 머무는 것이다. 한데 교회 학교와 교회에서 이러한 방법이 쓰이곤 한다.

· 질문 성경은 모두 몇 권입니까?
· 답   66권입니다.
· 질문 선한 목자를 노래하는 시편은?
· 답   시편 23편입니다.

이런 식이다. 아브라함과 모세, 천당과 지옥, 천사와 마귀, 사단의 멸망, 교회, 재림에 관한 지식을 전달받았다. 지식을 전달하는 것이 나쁘다는 말은 아니다. 그러나 이것은 최소한의 방편일 뿐이다. 지식을 전달하는 이유는 전달받은 지식을 경험하도록 관심을 촉발시키기 위해서다. 그러나 불행하게도 지식 전달을 지상 목적으로 삼는다. 성구를 알고 암송하는 것이 유일한 목적이 되어 버린 것이다.

특이한 점은, 예수님은 이 방법을 거의 사용하지 않았다는 것이다. 예수님이 제자들에게 성경 공부를 시키셨다는 말을 어디서도 찾을 수 없다. 그분이 다음과 같이 말씀하시는 광경을 상상이나 할 수 있는가?

"내일 아침 여덟 시에서 아홉 시까지 경건의 시간이 있으니 잊지 마시오. 아홉 시부터 열 시까지는 소선지서, 열 시부터 열한 시까지는 시가서, 열한 시부터 정오까지는 설교학과 해석학을 공부하겠소."

그러나 그분은 역사상 가장 걸출한 사역자들을 양성하였다. 그분은 어떻게 이처럼 중요한 신학 과목들을 무시할 수 있었는가?

예수님이 이렇게 말씀하셨다는 이야기를 들었는가?

"이제부터 예레미야를 공부합니다. 고등 비평에 따르면, 예레미야는 전설상의 인물입니다. 실제로 존재하지 않았던 인물이죠. 설령 그가 실존 인물이라 해도, 그는 이 책의 저자가 아닙니다…."

천만의 말씀! 그분은 이렇게 유유자적하실 시간이 없었다. 그분은 단순, 명쾌, 정확하셨다. 우리도 이와 같은 방법으로 성경 공부를 해야 한다. 하지만 우리는 오히려 성경 공부를 하다 더 헷갈리고 있으니 안타까운 일이다.

한번은 아르헨티나의 한 신학교에서 로마서에 관한 강의를 맡아 달라고 부탁했다. 나는 로마서는 매우 중요한 책이므로 한 절씩 한 절씩 살펴 나갔다. 꼬박 일 년이 걸려 로마서 강의를 끝마쳤다. 그러나 얼마 안 있어, 누구도 로마서가 말씀하려는 바를 제대로 이해하지 못하고 있음을 알았다.

"친애하는 빌(Bill) 씨께, 로마에서 편지 띄웁니다. 아내, 아이들과 함께 지금 막 로마에 도착했습니다. 좋은 구경 많이 하고…"

당신이 내게 이런 식으로 장황하게 이어지는 편지를 받았다고 해 두자. 다음 주일에 당신은 교회에 가서 말한다.

"후안 카를로스 씨가 편지를 보냈습니다. 이제부터 삼 개월 동안 편지를 연구하겠습니다."

"그는 '친애하는 빌 씨께'라고 말문을 열었습니다. 헬라어로 '친애하는'이라는 말은 사랑하는 사람을 뜻합니다. 그는 저를 사랑하는 사람이라고 불렀습니다. 여기서 저는 후안 형제가 펜을 들어서 '친애하는'이라고 쓰는 모습을 떠올릴 수 있습니다. 그의 마음은 사랑이 넘치고 있습니다. 아내가 옆에 앉아서 같은 사랑의 마음을 전하고 있습니다.

형제 자매 여러분, 어떤 식으로 편지를 쓰십니까? '친애하는'이라는 말로 시작하십니까? 이제부터 이 말을 쓰도록 합시다."

'친애하는 빌 씨께' 그는 제 이름을 적었습니다. 그는 저를 압니다. 저를 한 인격으로 대우하고 있습니다. 여러분은 어떠십니까? 여러분은 다른 사람의 이름을 부름으로써 당신이 그에게 관심을 가지고 있음을 드러나게 합니까?

'편지 띄웁니다' 라는 대목에서는 그가 손수 편지를 쓰고 있다는 걸 알 수 있습니다. 비서를 시킨 게 아닙니다. 직접 썼습니다.

"자, 여기까지 합시다. 다음주에 계속해서 후안 카를로스의 편지를 연 구하겠습니다."

주일이 되었다.

"'로마서에서' 라는 부분을 봅니다. 예, 로마는 늑대 젖을 먹고 자란 로무르스(Romulus)와 레무스(Remus)가 세웠습니다. 황제가 사는 로 마 제국의 수도입니다. 로마 제국은 동로마와 서로마로 갈렸다가 끝내 몰락하고 말았다는 사실을 기억하실 것입니다. 자, 또 다음 구절로 넘어 갑시다…."

교인들은 감탄한다. "우리 목사님 실력이 보통 아니신데!"

그는 한 구절을 가지고 2, 3주씩 강설할 수 있다. 끔찍한 일이다!

3개월이 되면 내가 쓴 편지에 대한 연구가 끝난다. 하지만 정작 내가 무엇을 말했는지 아무도 모를 것이다.

이것이 일반적인 성경 공부 방법이다. 우리가 천국에 갔을 때, 바울이 성경 교사들에게 이렇게 항의한다면 얼마나 재미있을까?

"이것 보시오, 당신에게 할 말이 있소이다. 정말이지, 난 당신이 말한 것 같은 이야기를 쓴 적이 없소!"

성경 본문에 관한 많은 지식으로 사람들을 사로잡으려 한다. 그리고 스스로 말씀을 "깊이 잘 쪼갠다"고 짐짓 자랑스러워한다. 하지만 사람들이 우리가 하는 말을 정말로 이해하고 있는지 의심스럽다.

우리는 지식에 연연한다. 그러나 예수님은 양육(formation)을 중시하셨다. 그분에게서 제자 양성하는 법을 배워야 한다.

14장
Disciple
제자 양육

차라리 이스라엘 집의 잃어버린 양에게로 가라

가면서 전파하여 말하되 천국이 가까웠다 하고 병든 자를 고치며 죽은 자를 살리며

문둥이를 깨끗하게 하며 귀신을 쫓아내되 너희가 거저 받았으니 거저 주어라 …

아무 성이나 촌에 들어가든지 그 중에 합당한 자를 찾아내어 너희 떠나기까지 거기서

머물라 또 그 집에 들어가면서 평안하기를 빌라.　－마 10:6-8, 11-12

예수님은 제자들을 일정한 규범을 가지고 양육했다. 예수님은 제자들에게 머리에 쌓이는 지식보다는 행할 일을 자세히 일러 주셨다. 그리고 제자들은 그분에게 순종하였다.

예수님은 그들을 감화시키기 위해 감동적인 설교를 하지 않으셨다. 그렇게 하실 필요가 없었다. 감동적인 설교는 살살 달래야 하는 뻣뻣한 사람들에게나 좋은 것이다. 그들은 예수님이 명하신 것을 행할 수 있다면 얼마나 좋을지 느껴 보기 위해 감정적인 접근을 필요로 한다.

그러나 만일 그리스도의 주권 아래 있다면, 그분은 우리의 행할 바를

말씀만 하시면 될 것이요, 우리는 감미로운 오르간 연주나, 사람들이 지적하듯이 온화한 목사의 말이 필요하지 않을 것이다. 예수님은 열두 제자들에게 "한번 가 보겠느냐? 지금 간단한 여행을 떠날 수 있느냐?"라고 말씀하시지 않았다. 그분은 명령하셨고, 그들은 수행하였다. 이것이 제자들의 양육에 사용된 방법이다.

실질적인 양육을 위해서는 말을 앞세우기보다는 영적 아버지가 되어야 한다. 호사가(好辭家)에게는 듣는 사람이 필요하지만, 아버지에게는 자녀들이 있다. 배움은 듣기만 해서는 소용없다. 배운 대로 순종해야 한다.

호사가인 목사들이 말을 마치면 사람들은 어떤 반응을 나타내는가? 청중들은 말한다. "목사님, 은혜 많이 받았습니다."

정말 이것이 전부란 말인가?

70인의 전도대가 그분의 명령을 다 수행한 뒤에 예수님께 돌아왔다. 그들은 귀신들이 자기들에게 복종하였던 일을 말씀 드렸다. 그러나 예수님은 "내 말을 행하느라 수고하였도다" 하고 말씀하시지 않았다. 도리어 다른 명령을 내리셨다.

"그러나 귀신들이 너희에게 항복하는 것으로 기뻐하지 말고 너희 이름이 하늘에 기록된 것으로 기뻐하라"(눅 10:20).

야고보와 요한이 자기들에게 적대적인 사마리아 마을에 불을 내리기를 원했을 때, 성경은 아주 분명하게 기록하고 있다. "예수께서 돌아보시며 꾸짖으시고"(눅 9:55). 예수님께서 그들을 양육하고 계시는 것이다.

베드로가 예수님께서 십자가 지심을 만류했을 때, 예수님은 꾸짖으셨다.

"사단아 내 뒤로 물러가라 너는 나를 넘어지게 하는 자로다"(마 16:23).

오늘날 목사가 자기 양을 이렇게 꾸짖는 광경을 상상해 볼 수 있는가? 어쨌든 견책은 제자도에 있어서 양육 과정의 일부이다.

● 제자도 제1법칙

이제 제자도에 있어서 제1법칙을 말하겠다. 복종 없는 양육은 있을 수 없다. 사교 모임 회원들은 복종할 필요가 없다. 그런데 요즘은 꼭 그렇지도 않다. 사교 모임에서 회원들이 회장을 선출하는 데 익숙해진 탓으로, 사람들은 목사가 자기들에게 복종하기를 원한다. 다시 말하지만 우리는 엉터리이다. 복음주의자들의 복음서에는 목사가 교인들에게 복종해야 한다고 되어 있다. 그러나 하나님 나라의 복음은 팔이 손가락을 제어한다고 말씀한다. 다른 가능성은 있을 수 없다.

성경은 복종에 대해 아주 단호하게 기록한다. 에베소서 5장 21절은 "그리스도를 경외함으로 피차 복종하라"고 말씀한다. 또 "너희를 인도하는 자들에게 순종하고 복종하라 저희는 너희 영혼을 위하여 경성하기를 자기가 회계할 자인 것같이 하느니라"(히 13:17)고 말씀한다.

우리 네 아이들을 양육할 수 있는 유일한 방법은 그들이 내게 복종하는 것뿐이다. 아이들의 못된 버릇을 고쳐 주려 할 때마다 아이들이 이웃집 아저씨에게 가서 "저는 더 이상 후안 카를로스 오르티즈의 자식이 되기 싫어요. 아저씨 아들 할래요"라고 말하는 어처구니없는 꼴을 당한다고 생각해 보라. 또 이웃집 아저씨는 "그래, 어서 들어오려무나" 한다고 가정해 보라. 아마 나는 아이들 혼내는 것을 포기해야 할 것이다. 왜냐하면 아이들을 잃고 싶지 않기 때문이다. 그러나 나는 아이들을 사랑하기 때문에 나쁜 버릇은 '바로잡아 준다.' 그렇게 해도 집을 뛰쳐나가는 일 따위는 생기지 않으리라 믿기 때문이다. 그리고 아이들도 내게 복종한다.

그러나 교회에서 목사는, 그가 영적 자녀 한 사람을 너무 심하게 꾸짖었을 때, 그 자녀가 다른 고아원으로 뛰쳐나가면 어떻게 하나 염려스러운 나머지 그를 양육하지 못한다. 바울은 디도에게 말했다.

"너는 이것을 말하고 권면하며 모든 권위로 책망하여 누구에게든지 업신여김을 받지 말라"(딛 2:15).

목사들은 먼저 자신의 자녀들에게 말해야 한다. 복종하지 않으면 권면해야 한다. 그래도 듣지 않을 때는 모든 권위로 책망해야 한다. 그렇게 하지 않으면 아이가 어긋날지도 모른다.

우리 자녀들이 무미 건조한 교회 체제에서 양육받는다고 가정해 보자. 나는 가족들에게 이렇게 말할 것이다.

"자, 이제 예배 시간이 되었다. 오늘은 세수하는 것에 관해 설교하겠다. 다 앉아라. 우선 노래 한 곡 부르자."

나는 이런 식으로 계속 이야기할 것이다.

"비누는 아주아주 놀라운 물건이다. 비누에 물을 묻히면 거품이 인다. 어때 멋지지? 이 노래를 좋아하지 않니?"

"자, 이제는 설교 시간이다. 비누는 주전 4세기경 중국에서 고안되었다. 오늘날은 크기와 색깔, 향기가 더 다양해졌다. 가격에 따라 여러 가지 광물, 식물이나 동물 기름으로 만든다. 물을 묻혀서 얼굴에 문지르면 얼굴이 보드랍고 깨끗해진다."

"물론 눈에 들어가면 맵지. 하지만 그렇게 오랫동안 눈이 쓰리진 않을 것이다. 조심만 한다면 눈에 비누가 들어가지 않을 것이다."

"자, 이것이 보드랍고 깨끗한 얼굴을 가꾸는 비결이다. 오르간이 조용히 연주되고 성가대가 '큰 죄인 살리신'(Just As I Am)을 부르는 동안, 설교에 깊은 감명을 받고 세수하기를 원하는 사람이 있으면 손을 들어 주기 바란다."

그러나 누구도 이렇게 하는 사람은 없다. 적어도 우리 어머니는 이렇게 하시지 않았다. 어머니는 씻으라고 말씀하셨고, 나는 그대로 했다. 그리고 이제는 어머니가 말씀하시지 않아도 내 힘으로 세수할 수 있다.

● 제자도 제2법칙

제자도에서 두 번째 법칙은, '복종 없이는 복종이 있을 수 없다'는 것이다. 잘못된 문장이 아닌가 다시 읽어 볼지도 모른다. 그러나 아니다. 자기 제자에게 명령하는 사람도 누군가의 명령을 받아야 한다. 스승은 제자를 책망한다. 그러면 그를 책망하는 사람은 누구인가? 그 단계 단계에 걸맞는 복종이 없다면 진정한 복종은 없는 것이다.

예수님께 자기 하인을 고쳐 달라고 부탁한 백부장을 기억할 것이다. 예수님은 말씀하셨다.

"내가 가서 고쳐 주리라."

그러자 백부장은 이렇게 말했다.

"주여 내 집에 들어오심을 나는 감당치 못하겠사오니 다만 말씀으로만 하옵소서 그러면 내 하인이 낫겠삽나이다 나도 남의 수하에 있는 사람이요 내 아래도 군사가 있으니 이더러 가라 하면 가고 저더러 오라 하면 오고 내 종더러 이것을 하라 하면 하나이다"(마 8:8-9).

백부장은 권세를 갖는다는 것은, 권세 아래 있는 것임을 알았다. 내가 나 자신에게 명령하는 권세는 있을 수 없다. 권세는 밖에서 와야 한다.

"각 사람은 위에 있는 권세들에게 굴복하라 권세는 하나님께로 나지 않음이 없나니 모든 권세는 다 하나님의 정하신 바라"(롬 13:1).

하나님께서 내 위에 두 단계 혹은 세 단계 높이 세우신 권세는 무엇인가? 그렇다. 내가 권세 아래 있을 때만이 남에게 권세를 행할 수 있는 것이다.

한 하사관이 있다. 그가 일병에게 무엇을 하라고 시키면, 일병은 그것을 한다. 기분이 좋아진 그가 의기양양해 중얼거린다.

'내 힘이 이렇게 셀 줄이야! 군대는 나의 독무대다. 이웃 사람들에게도 내 힘을 보여 줄 테다.'

죽마고우들에게 가서 이 하사관이 말한다.

"좋다! 너, 이것을 하도록. 알았나!"

친구들은 그를 비웃는다. 이후에 어떤 일이 생겼을까? 안하무인으로 날뛰던 그는 자기의 권세를 상실하고 말았다. 교회에 상존하는 골칫거리는 권세를 갖기 원하면서도 그 누구에게도 복종하지 않는다는 것이다. 이것은 불가능한 얘기다. 권세를 가졌더라도 다른 권세 아래 있지 않을 수는 없다. 다른 사람을 제어할 권세를 갖기 원한다면, 다른 사람의 통제 아래로 들어가라. 이것이 영원한 하나님의 법칙이다.

이 점, 즉 양육은 복종뿐 아니라 상호 복종을 전제로 이루어진다는 것은 매우 중요한 사실이다. 부에노스아이레스에서는 이 법칙들을 어떻게 지켰는가? 내가 생각하는 첫 번째 법칙은, 그 도시 사역자들의 권세에 복종하는 것이었다(이 이야기는 나중에 밝히겠다). 그 결과 나는 우리 교회에서 제자 삼는 사역을 시작해도 좋다는 판정을 받았다.

● 당신은 제자이십니까?

우리 교회에서는 '교인'(members)이라는 말을 사용하지 않기로 결정했다. 왠지 복종이 필요 없는 사교 모임 같은 느낌이 강했기 때문이다. 그 대신 '제자'라는 말을 쓰는 것이 어떻겠느냐는 말이 나왔다. 교우들은 점점 제자는 어떤 사람들이었으며, 우리 가운데 아직 제자가 없음을 알게 되었다.

만일 당신이 우리 교회 교우 한 사람에게 "당신은 이 교회 교인이십니까?"라고 물었다면, 그는 "예, 그렇습니다. 내 회원 번호는 234번입니다. 회원증은 여기 있고요"라고 대답했을 것이다.

그러나 "당신은 제자이십니까?"라고 물었다면, "아닙니다. 아직 아니에요. 목사님이 진정한 제자인 줄도 아직 모르겠군요. 목사님은 내가 누구 밑에서 양육받아야 할지조차도 정해 주지 않으셨어요"라고 대답했을 것이다.

나는 어떻게 시작하는지도 모르면서 제자도에 관해 일 년 반 동안이나 설교했다. 개념은 알았지만 어떻게 변화되는지 몰랐다. 결국 크게 낙담해서는 다음과 같이 말했다.

"예수님은 열두 제자들을 세우는 일부터 시작하셨습니다. 나 후안 카를로스 오르티즈는 목사로서 사교 모임과 다름없는 이 교회를 계속해서 섬겨야 합니다. 하지만 한편으로는 지하 교회를 시작할까 합니다."

그래서 나 조니는 우선 우리 집에서 교회를 시작했다. 조니는, 후안 카를로스 목사의 사교 모임 같은 교회에서 집사 몇 명을 빼돌려서는 그들을 제자로 만드는 시도를 시작했다. 이 새로운 구조 속에서는 나는 더 이상 목사가 아니었다. 난 그저 조니에 불과했다. 전에는 존경받아야 했지만, 이제 내가 원하는 유일한 것은 사랑받는 것이다.

나는 제자들에게 내 생활을 바쳤고, 그들을 섬겼다. 교외로 함께 나가고, 음식도 함께 나누었다. 때로 그들이 우리 집에서 자기도 하였고, 내가 그들의 집에서 자기도 하였다. 자연스럽게 한 식구처럼 되었다.

약 반 년 정도 지났을까, 사교 모임 같은 교회 교우들은 우리를 주목하기 시작했다. 내 제자들이 전보다 훨씬 성숙한 모습으로 서로를 돕고, 사랑하고, 나누고, 돌보았기 때문이다. 그래서 나는 제자들에게 교인 몇을 더 빼내 와서 그들 자신의 제자로 훈련시켜도 좋다고 허락하였다.

3년여 뒤, 마침내 사교 모임 같은 교회를 1,500명이 넘는 제자 가족으로 탈바꿈시켰다. 우선 작은 모임(cells)을 여러 개 만들었다. 변화가 진행되는 동안, 새 신자는 각기 작은 모임에서 구원의 도리를 배워 갔다. 마침내 비성경적 구조는 허물어졌다. 주님께 감사 드린다.

그 다음 단계로, 교우 전체가 꼬박 한 달 동안 교회 건물을 일부러 쓰지 않기로 했다. 그래서 가정에서 모임을 갖고, 주일이 되면 천주 교회든 침례 교회든 가릴 것 없이 다른 교회 예배에 참석했다. 내가 직접 가르친 다섯 명의 제자들은, 여기저기에서 자기 그룹을 돌보았다.

한 예를 들면, 가초(Cacho)는 자동차 정비 기사로, 3백 명으로 이루어진 순들의 지도자이다. 그는 정비 공장에서 하루 아홉 시간씩 일하면서도 전임 사역자들(full-time ministers)보다 더 많은 사람들을 양육했다. 가초와 그의 제자들 3백 명이 1백 명밖에 안 되는 침례 교회에 예배를 드리러 갔다. 이런 광경을 상상할 수 있겠는가? 3백 명이 한꺼번에 들어오는 광경을.

"모두 어디서 오셨습니까?"

"우리는 오르티즈 형제의 교회에 속해 있습니다."

"그런데 여기에는 왜 오셨습니까?"

"그냥 한번 들른 것입니다."

"귀 교회의 예배는 어떻게 하시고요?"

"이 교회에 와서 예배 드리려고 일찍 마쳤습니다."

구조를 바꾸면, 원하는 일은 무엇이나 할 수 있다. 필요하다면 시간이 얼마나 걸릴지는 모르지만 전 교인을 한꺼번에 제자화할 수 있다. 비록 남들의 조롱거리가 되더라도 이 일의 결과를 보기 위해서 우리는 겨울까지 이 일을 해 나갈 것이다. 아마 때가 되면 전혀 건물 없이도 제자 삼는 일을 해 나갈 수 있을 것이다. 그러나 우리 교회 건물을 팔 생각은 없다. 거기에 침대와 식탁을 들여놓고 빈민들을 위해 사용할 것이다. 또 방문객들과 여행 중인 사도들을 위해서도 쓸 것이다.

그러나 이런 모든 일들이 세상으로부터 성도들이 숨는 도피처가 되어서는 결코 안 된다. 예수님은 "죄인들이여 교회로 오라"고 말씀하시지 않고, "믿는 자여, 세상으로 가서 제자 삼으라"고 말씀하셨다.

교인들이 의자에 앉아서 노래한다.

"오라, 오라! 방황치 말고 오라."

이 노래는 바뀌어야 한다.

"가자, 가자 지체치 말고 가자."

지금껏 우리는 거꾸로 알고 있었다. 죄인들은 죽은 자요, 잃어버린 자요, 귀머거리요, 장님이다. 그런데도 장님에게 읽으라고 공고문을 게시한다. 산 그리스도인에게도 기동력을 불어넣을 수 없다면, 어떻게 구원받지 못한 자들에게 움직일 힘을 불어넣기를 바라겠는가?

한편, 우리의 순들은 이미 이 세상에 있다. 어디에서건, 즉 집, 공원, 식당, 해변에서 그들을 만난다. 어떤 이들은 아침 여섯 시에, 늦게까지 일하는 사람들은 한밤중에 만난다. 그들은 융통성 있게 움직인다.

우리 교회 교우들도 점차로 '교인'(member)이라는 말을 다시 쓰게 되었다. 그러나 이제는 전혀 새로운 정의로써 사용하는 것이다.

지체적(A body-type) 교인이란,

(1) 의존적인 사람이다. 길거리를 혼자 걸어가는 코를 볼 수 없다. 몸은 몸으로서 함께 연결되어 있어야 한다. 독립적인 교인이 있다면, 그는 몸의 일부가 아니다.

(2) 몸의 한 부분은 다른 두 부분과 연합되어 있다. 팔뚝은 손과 연결되어 있다.

(3) 자양을 공급하는 사람이다. 자양을 받기도 하지만 남에게 주기도 한다.

(4) 떠받치고 붙박여 있는 사람이다. 한 지체가 몸에서 뒤틀려 빠져나갈 수는 없다. 아내가 퇴근해서 들어온 당신에게 "오른 다리를 어디에 잃어버리셨어요?"라고 말한 적이 있는가? 그럴 수 없다. 당

신은 지체를 잃어버리지 않는다.

⑸ 명령을 전하는 사람이다. 머리가 손에게 명령하지만, 이 명령은 머리와 손 사이의 다른 지체들을 통해 내려온다. 손이 팔뚝을 무시하여 "난 네게서 떨어져 나올 거야. 머리로부터 내게로 직접 오는 통신선을 놓을 테야"라고 말할 수 없다. 우리는 한 몸이다.

⑹ 유연한 사람이다. 몸은 순응성을 가지고 있다. 로봇하고는 다르다. 과거에는 새로운 생각이나 달란트를 가진 사람은, 사역을 위해 교회를 떠나는 것이 상례였다. 비전을 가진 사람들은 C.C.C와 Y.F.C(Youth for Christ), 네비게이토 또는 그들의 비전에 영향을 줄 수 있는 어떤 단체를 찾아 떠나야 했다.

그러나 교회가 제자들로 이루어진 몸이라면, 이 몸은 유연하다. 교회는 세상 각처로 퍼져 나가야 한다. 가서 땅의 소금이 되고, 세상의 빛이 되어야 한다.

15장
Disciple
위험한 전통들

그런즉 하나님이 우리가 주 예수 그리스도를 믿을 때에 주신 것과 같은 선물을
저희에게도 주셨으니 내가 누구관대 하나님을 능히 막겠느냐 하더라.

— 행 11:17

큰아이가 학교에 처음 가던 날, 얼마나 뿌듯해 했는지 아직도 기억이 새롭다. 아르헨티나 초등 학생들은 흰색 오버롤(가슴받이가 있고 멜빵이 달린 작업복 — 역주)을 입는다. 입학을 앞두고 가능한 질기고 비싼 것을 사기 위해 고급 의류점에 갔다. 치수에 맞는 오버롤을 골라 입혔는데, 녀석의 모습이 그렇게 대견스러워 보일 수 없었다. 하지만 한 가지 찜찜했다. 6개월 후에는 이 고급 오버롤도 더 이상 쓸모가 없어질 게 뻔했기 때문이다. 큰아이는 하루가 다르게 커 가고 있었다. 그래서 입었던 옷은 두고 조금 더 큰 것을 샀다.

덕분에 이제 우리는 옷에 관해서라면 훤해졌다. 네 명의 아이들에게 각각 제일 싼 옷을 사 준다. 6개월 후면 더 이상 못 입게 되기 때문이다.

15장 · 위험한 전통들 **187**

아무리 비싸다 해도 몸에 맞지 않는 큰 옷은 아이에게 절대 좋은 옷이 못 된다.

이 이야기를 어떤 종류의 체제(structure)에 비유할 수 있다. 모든 것이 변하지 않는 한, 체제는 우리를 매우 유익하게 한다. 그러나 우리가 컸을 때, 어떤 체제는 더 이상 맞지 않을 수 있다.

교회도 마찬가지이다. 제자도로 인해 성숙해 가면 갈수록, 우리 교회의 기존 체제가 성령의 새로운 흐름을 점점 더 방해했다. 체제 자체를 없애야 한다는 말이 아니다. 단지 체제들이 과거에 만들어졌기 때문에 오늘에 잘 맞지 않는다는 것을 지적하고 싶다.

체제를 바꾸어야 한다는 말을 꺼낼라치면, 지도자들은 쌍심지를 돋우고 나오곤 하는데 그럴 필요가 없다. 체제 변화를 요구한다는 것은 자란다는 뜻이다. 만일 몇 십 년 동안 한 가지 체제 속에서 산다면, 이것은 우리가 성장하지 않고 있다는 반증이 된다. 예를 들어, 우리 교회에서는 40년 동안 똑같은 찬송가를 불러 왔다. 감사하게도 하나님께서 우리를 새롭게 하신 이후, 5번 찬송가를 바꿨다.

● 교단이라는 인습

새 포도주는 새 부대에 담겨야 한다. 새 부대와 헌 부대의 차이는 겉모양에 좌우되지 않는다. 새 부대가 헌 부대에 비해서 보다 깜찍하게 생겼다거나, 모양이 새로운 것이 아니다. 헌 부대는 낡았기 때문에 폐기되지 않고, '딱딱해졌기'(hard) 때문에 폐기된다. 부대란 새 포도주를 담기 위해서 유연하고 부드럽게 움직여야 하는 법이다.

예수님이 마태복음 9장 17절에서 말씀하신 낡은 부대는 다른 어떤 것보다도 더 딱딱해지곤 하는 낡은 전통 체제이다. 어떤 사람들은 한 가지 전통을 빠뜨리는 것보다 더 쉽게 성경 두 구절을 빠뜨린다. 또 체제를 따르기 위해서 자주 성경을 내동댕이치곤 한다.

언젠가 한번은 가톨릭 신자에게 물었다.

"성경 어디에 마리아 숭배에 관해 적혀 있습니까?"

나는 진심으로 그가 무엇이 진리인지 알게 되기를 원했다.

그는 매우 겸손한 사람이었다. 그가 말했다.

"천주 교회가 마리아를 너무 부각시키는 것은 사실입니다. 하지만 성경에 마리아가 나오는 것만은 사실 아닙니까?"

"그건 그렇지요." 내가 말했다.

그러자 그가 다그쳐 물었다.

"그러면 성경 어디에 당신들이 그토록 중요시하는 교단 이야기가 나옵니까?"

교단은 성경과는 무관한 전통(인습)이다. 예수님은 교회라는 단 한 명의 아내를 두셨다. 그분은 절대 일부 다처주의자가 아니시다. 그런데 그리스도인 대부분은 이렇게 교단이 많이 생기게 된 것도 하나님의 뜻이 아니겠느냐고 말하곤 한다. 우리가 분열하고, 사랑이 부족한 것을 하나님 탓으로 돌리면서 오히려 가톨릭 전통을 비난한다.

적어도 가톨릭 전통은 '교단'이라는 전통보다 오래되었다. 우리 눈에서 들보를 빼내기 전까지 천주교인들의 눈에 있는 티끌을 빼내려고 해서는 안 된다.

기도할 때, 눈을 감는 전통에 대해서는 앞에서 이미 언급한 바 있다. 그러나 성경은 정반대의 기도 자세에 대해 한 번 이상 예시하고 있다.

또한 "믿고 세례를 받는 사람은 구원을 얻을 것이요"(막 16:16)라는 성경 말씀에 관해서도 주의를 환기시켰다. 우리의 전통은 믿고 구원받은 자가 몇 개월에 걸친 시련을 통과한 뒤 세례를 받도록 하고 있다.

● 전통이 성경에 앞서는 현실

예수님은 우리에게 말씀하셨다.

"너희는 가서 모든 족속으로 제자를 삼아 아버지와 아들과 성령의 이름으로 세례를 주고 내가 너희에게 분부한 모든 것을 가르쳐 지키게 하라"(마 28:19-20).

그런데 우리의 전통은 가서 제자를 삼아, 분부한 모든 것을 가르쳐 지키게 하고 그 다음에야 세례를 준다. 심지어 어떤 경우에는 등록 교인이 세례를 받기도 전에 교회 투표에 참가하는 일도 있다.

대체 어디에 근거를 두고 이런 일을 하는가? 이 또한 위험천만한 프로테스탄트적(的) 전통의 일부이다. 그런데도 아무것도 모르는 우리들은 누군가 이 전통을 제대로 따르지 못하면 그들을 교회에서 내쫓으려 할 것이다.

전통과 체제는 철옹성과 같다. 때로 그것들의 배후에 악령이 역사하지 않는가, 하고 의심해 본다. 고넬료에게 보냄을 받은 사도 베드로조차 전통 때문에 주저했으니, 전통의 힘은 가히 놀라운 것이라 하겠다.

베드로는 예수께서 "가서 모든 족속으로 제자를 삼아"(마 28:19)라는 말씀을 하실 때에 분명히 그 자리에 있었다. 그리고 예수께서 특별히 "예루살렘과 온 유대와 사마리아와 땅 끝까지 이르러 내 증인이 되리라"(행 1:8)고 명하신 것도 들었다.

그러나 실제로 이방인 백부장 고넬료에게 증인이 되라는 명령을 내렸을 때, 베드로는 전통 때문에 망설인다. 주님께서 보자기에 각양 짐승들이 싸여 있는 환상을 통해서 그를 깨우치시고, 또 "하나님께서 깨끗케 하신 것을 네가 속되다 하지 말라"는 말씀을 주셨지만, 베드로는 "그럴 수 없나이다 주여"라고 계속 고집을 부렸다(행 10:14-15). 이처럼 전통에는 그 나름의 힘이 있다. 때로 전통은 하나님의 말씀 그 자체를 압도한다.

전통은 "주여 그럴 수 없습니다!"라고 말하게 만든다. 성경은 그리스도의 몸은 하나 되어야 한다고 말씀하시지만, 우리는 "아니다. 하나님께서 지금처럼 교단들이 많은 것을 원하신다"라고 말한다. 우리는 성경이 우리의 믿음과 행위의 표준(rule)이라고 말한다. 그런데 그 성경이 전통과 알력을 빚고 있으니 이 얼마나 기괴한 일인가!

마침내 주님께서는 베드로에게 말씀하셨다.

"두 사람이 너를 찾으니 일어나 내려가 의심치 말고 함께 가라 내가 저희를 보내었느니라"(19-20절).

그분은 두 사람이 이방인인지 또는 그들이 왜 왔는지 말씀하시지 않았다. 하지만 베드로는 최소한 그 정도는 순종할 수 있다고 생각해 그들을 맞는다.

그들은 고넬료가 하나님을 경외하는 의인이요 천사의 지시를 받아, 시몬이라는 사람이 유숙하고 있는 욥바의 한 집까지 정확하게 찾아오게 되었다는 놀라운 사건을 전해 주었다. 그 순간 베드로가 무슨 말을 할 수 있는가? 베드로는 순순히 그들을 따라갈 수밖에 없었다.

그러나 그의 발걸음은 가볍지 못했다. 결국 고넬료의 집에 도착해서도 이렇게밖에 말하지 못했다.

"알다시피 당신네 같은 사람들과 마주한다는 것이 우리에게는 혐오스러운 일이오"(베드로의 말을 퉁명스럽게 옮겨 보았다).

누가 당신 집에 와서 그런 식으로 말한다면 어떻겠는가? 아마 "그래요? 그렇다면 당장 나가 주시지요!"라고 말할 것이다. 고넬료의 기분이 어땠을지 짐작할 수 있을 것이다. 그는 친구들과 친척들을 모두 자기 집으로 불렀다. 그가 그들에게 말한다.

"여러분은 진짜 하나님의 사람을 만나게 될 겁니다. 천사가 그를 부르라고 했습니다. 그 정도로 그는 거룩하고 완전한 사람입니다. 그가 하나님에 관한 모든 것을 설명해 줄 겁니다."

그런데 그때, 베드로가 당도해서 그에게 모욕을 주었다. 그리고는 베드로는 자기 행보가 왜 어려웠는지 설명한 다음에 "무슨 일로 나를 불렀느뇨"라고 물었다(29절).

명색이 예수 그리스도의 사도란 자가 무슨 일을 해야 할지 몰랐다니! 아이라도 알았을 것이다. 그 역시 자기가 이치에 닿지 않는 질문을 했다는 것을 알았다. 다만 기꺼이 하나님의 말씀을 전하고 싶지 않았을 뿐이다. 왜 그랬을까? 전통 때문이다.

그래서 고넬료가 이틀 전 베드로를 방문했던 사람들이 들려준 이야기를 다시 다 이야기했다. 그제야 베드로는 말씀을 전하기 시작한다. 예수님에 대해서, 그분이 베푸신 기적들, 그분의 죽음과 부활에 대해 설명한다.

베드로가 자원하는 마음으로 말씀을 계속했으며, 이방인들에게 회개를 촉구했을까? 아마 그렇지 않았을 것이다. 그는 한참 후에야 말씀을 전했을 것이다. 그러나 하나님이 베드로의 소행에도 불구하고 그들의 마음을 여셨을 때, 사람들은 하나님을 높이고 방언을 말하며, 울고 또 춤도 추었다. 물론 이런 이야기는 성경에는 없지만 누가 알겠는가?

베드로는 유대인 친구들과 의논하기 위해 다른 방으로 들어갔을 것이고, 그들은 "무슨 일이야? 베드로 형제, 지금 무슨 일을 하고 있는 것인가?" 하고 물었을 것이다.

베드로가 대답한다.

"난 아무 일도 안 했어. 성령으로 세례를 준 건 내가 아니고 하나님이 시니 낸들 어쩌겠나!"

"이제 어떻게 하지? 물로 세례를 줄까?"

이방인들에게는 아무 문제가 없었다. 그들은 성령의 임재하심을 이미 느끼고 있었다. 그러나 전통주의자들 입장에서는 이만저만 심각한 문제가 아니었다. 그들의 전통이 흔들리기 시작한 것이다. 급기야 이 문제로 논쟁이 벌어졌다.

베드로가 입을 열었다.

"그들에게 세례를 줍시다. 무엇보다도 하나님께서…."

"베드로, 예루살렘에 돌아가서 공회원들에게 무슨 말을 하려고 하는 건가?"

"모르겠어. 하지만 저들에게 세례를 주지 않을 이유가 없어."

그들이 예루살렘으로 돌아갔을 때 그 소식은 벌써 파다하게 퍼져 있었다. 거리를 걷던 베드로가 누군가에게 "형제여, 평안합니까?"라고 말을 걸었다.

"오후 여섯 시에 공회가 열립니다." 아주 무뚝뚝하게 베드로의 인사에 대꾸한다.

"공회라니?"

"난 분명히 전했어요. 여섯 시에 공회가 열린다고."

"왜 공회가 열립니까?"

"와 보면 압니다."

공회가 열렸다. 누군가 그에게 물었다.

"자, 베드로 형제, 우리는 형제가 이방인의 집에 들어가서 그들과 함께 '먹었다' 는 소문을 들었습니다! 자, 이것이 사실입니까?"

베드로는 사건의 전말을 말한다.

"… 내가 말을 시작할 때에 성령이 저희에게 임하시기를…."

"말도 안 되는 소리요!"

"처음 우리에게 하신 것과 같이 하는지라."

"그런 일이 어떻게 있을 수 있소!"

"… 하나님이 우리가 주 예수 그리스도를 믿을 때에 주신 것과 같은 선물을 저희에게도 주셨으니 내가 누구관대 하나님을 능히 막겠느냐?"

성경에는 이 부분이 어떻게 기록되어 있는지 보자.

"저희가 이 말을 듣고 잠잠하여 하나님께 영광을 돌려 가로되 그러면…"(행 11:15-18).

전통의 힘이 이렇게 무시무시하다. 하나님은 우리의 제약 때문에 원하시는 많은 일들을 하실 수 없다. 그분이 우리에게 약간의 변화를 요구하실 때마다 우리는 몸을 부르르 떨기까지 하며 거부한다.

우리의 마음은 등잔 또는 책 몇 권을 놓을 수 있는 작은 탁자와 같다. 이 탁자 위에 냉장고를 올려놓을 수는 없다. 부서질 것이 뻔하기 때문이다. 우리가 길들여져 있는 것 이상을, 우리의 전통적 사고(思考)가 받아들일 때도 이런 일이 생긴다. 아마 산산이 부서져 버리고 말 것이다.

처음으로 하나님의 교회(Assembly of God)에 속한 한 교회에 가서, 손뼉 치는 광경을 보았을 때 혀를 끌끌 찼다.

"이런, 세속적인 사람들 같으니…!"

그들을 용납할 수 없었기 때문이다. 그런데 그때, 문득 여호와 앞에서 손뼉을 쳤다고 말하는 시편의 여러 구절들이 생각났다.

주님 앞에서 사람들이 감히 춤추는 것을 처음 보았을 때도 그랬다. 정말 아연 실색하였다. 적어도 내 전통의 관점에서는 절대 용납할 수 없는 일이었다. 그러나 하나님은 다시금 이런 것들을 깨끗하게 하셨고, 내가 그것을 부정하다고 할 수 없음을 곧 일깨워 주셨다.

예수님의 머리에 옥합을 부은 여인의 기사를 기억할 것이다. 제자들은 못마땅해하며 물었다.

"무슨 의사로 이것을 허비하느뇨"(마 26:8).

그러나 예수님은 말씀하셨다.

"저가 내게 좋은 일을 하였느니라"(마 28:10).

놀랍게도 그분의 마음은 조금도 요동하지 않았다.

그분이 우리에게 무엇을 내려놓으신다 해도 그 무게를 감당할 수 있도록, 하나님께 '우리'라는 탁자를 강하게 해 달라고 구해야 한다. 그분은 우리 세대에게 보다 능한 일을 하고 싶으신데, 우리가 부서져 버릴 것을 염려하신 나머지 그 일을 취소하신다.

하나님의 온전하신 뜻을 분별하기 위해 우리가 할 일은 무엇인가? 로마서 12장 1-2절을 보면 두 가지가 나타난다. 먼저, 우리 몸을 거룩한 산 제사로 드려야 한다. 산 제사가 죽은 제사보다 낫다. 왜냐하면 산 제사에는 미래가 있기 때문이다. 하나님은 이것으로 그분이 원하시는 모든 것을 행하신다.

둘째로 마음을 새롭게 함으로 변화를 받아야 한다. 우리는 '변화될 준비가 갖추어진' 사람들이 되어야 한다. 하나님의 뜻 가운데 있다는 말은 언제든 변화될 수 있다는 뜻이다. 간혹 "당신의 뜻을 보여 주소서"라고 기도하지만, 뜻을 보여 주셨다고 해서 모두 변화하는 것은 아니다. 또 이런 판에 박힌 기도도 잘한다. "그 길에서 떠나게 하옵소서." 대체 왜 이런 기도를 하는지 모르겠다. 그 길을 벌써 포장해 놓고도 말이다. 우리 안에 뿌리 박힌 전통은 탄탄 대로와 같다. "주님의 뜻을 행하도록 도우소서"라고 기도하지만 그 길에는 이미 차선까지 잘 그려져 있다.

그리스도인은 놀이동산에서 장난감 차를 타고 노는 어린아이와 같다. 아이들이 핸들을 아무리 돌려도 차는 상관없이 같은 방향을 향해 가도록 되어 있다. 이런 꼴이 현대 교회와 총회에서 벌어지고 있다. 우리는 별 몸짓을 다해 보지만 모든 것은 항상 그대로이다.

전통의 변혁

너희 중 장로들에게 권하노니 나는 함께 장로된 자요

그리스도의 고난의 증인이요 나타날 영광에 참예할 자로라

너희 중에 있는 하나님의 양 무리를 치되 부득이함으로 하지 말고

오직 하나님의 뜻을 좇아 자원함으로 하며

더러운 이를 위하여 하지 말고오직 즐거운 뜻으로 하며.

-벧전 5:1-2

하나님께서 우리들을 새롭게 하시기 시작했을 때, 우리에게는 반드시 변화되어야 할 몇 가지 전통이 있었다.

민주주의의 전통은 우리가 지닌 전통 가운데 가장 강력한 것이었다. 우리는 성경 공부를 해 가면서 초대 교회가 매우 비민주주의적이었다는 사실에 눈뜨기 시작했다. 하나님은 사람들에게 자기가 원하는 것을 말하기만 하는 사도들에게 명령하셨다. 사도들은 또한 교회에 장로를 세웠다. 모든 사람들은 그들에게 복종하였다.

발이 아니라 머리에게서 명령을 받는 곳이 바로 교회이다. 권세가 맨 꼭대기에서 중간을 거쳐 아래까지 흘러 내려간다.

민주주의에서는 다른 방법으로 일이 결정된다. 힘은 대중에게 있다. 머리가 발이 내린 명령을 따라야 한다.

바울이 이렇게 말했다는 기록을 본 적이 없다.

"디모데 군, 이 일에 자발적으로 나서 줄 수 있겠는가? 우리는 자네가 원한다면 자네와 함께 일하게 되기를 진정 원하고 있다네."

사도행전 16장 3절을 보자. "바울이 그를 데리고 떠나고자 할새 … 그를 데려다가 …." 바울이 한 행동이라고는 이게 전부였다.

사도에게는 교리를 정하는 권위도 있었다. 신약 성경에는 가끔 '예수님의 명령'이 아니라 '사도의 명령'이라는 말이 눈에 띈다(대표적으로 고린도전서 7장이 그렇다 — 역주). 이 명령들은 무오(無汚)하다.

● 교회의 영적 권위와 다수결

문제는 하나님의 통치를 받는 교회가 영적 권위, 즉 영적 권세를 상실한 데서 야기된다. 교회 지도자들은 위로부터 오는 권세보다 물질, 세속적 권력에 더 민감해졌다. 그들은 영성 없이 똑같은 치리 형태를 유지하고 있다. 그들은 필기구가 들어 있지 않은 필통과 같다. 외적으로 볼 때 언제나 같아 보이지만, 속을 보면 텅텅 비어 있는 것이다.

교황이 지금도 자기가 무오하다고 생각하는 모양인데, 나는 그 이유를 이해할 수 있다. 무엇보다도 베드로가 쓴 서신들, 요한과 다른 사도들의 서신들은 모두 진리이다. 그런데 왜 이런 권위가 계속 계승되어서는 안 되는가? 물론 될 수도 있다. 하지만 영적 권위가 없는 신적 계시, 보편 교회는 이 세상에서 아주 위험스러운 것이다.

가톨릭 교회에서 자란 몇몇 사람들, 사보나롤라(Savonarola)나 후쓰(Huss), 루터(Luther)와 그 밖의 사람들이 가톨릭 교회를 갱신시키려고 노력했지만, 교회는 그들의 의견을 받아들이지 않았다. 그들은 가톨릭 교회에 새 생명을 불어넣을 수도 있었을 것이다. 그러나 오히려 그들은 출교당하고 말았다. 이것이 바로 계시에 의해 인도되지 않는 권세의 실체이다.

그래서 프로테스탄트 교회는 가톨릭 교회에 반대하여 민주적인 교회가 되기로 결정하였다. 한동안은 민주적인 분위기가 잘 유지되는 듯했다. 이 분위기에 편승하여 소위 평신도들의 중요성이 다시 부각되었다. 그들은 다시 한 번 투표하고 일해야 한다고 생각했다.

그러나 이것이 완전한 치유는 아니었다. 암흑기에는 교황이 주님의 말씀을 대신하였고, 이제는 다수결이 그 자리에 들어섰다. 사람들은 그때 하나님께서 무엇을 말씀하셨는지 확실히 알지 못하였다. 오로지 "투표에 붙입시다. 과반수가 넘으면 하나님의 뜻이 되는 것입니다"라고 말하였다.

다수가 항상 옳은 것은 아니다. 광야에서 금송아지를 만든 자들도 다

수였다. 예수님이 요한복음 6장의 말씀을 가르치시고 나자, 그분께 등을 돌린 것도 다수의 사람들이었다.

하나님께서 당신의 사역들과 영적 권위를 회복해 나가시는 오늘날, 우리는 민주주의 때문에 많은 진통을 겪을 것이다. 감독제 교회 형태가 잘못되었다는 말도 하지 않지만, 그렇다고 개교회주의를 지지하지도 않는다. 영적 권위에 근거하지 않은 것이면, 어떤 형태도 비성경적이다. 하나님께서 교회의 갱신을 요구하실 때 감독제 교회에 속한 사람들이 보다 순응적일 것이라고 생각하는 모양인데, 내 생각에는 그렇지 않을 것 같다. 그 사람들도 성령 충만함이 없는 사람으로부터 명령을 받는 데 이력이 났다. 만일 그들의 감독들이 하나님과 동행하는 사람들이라면, 그들이 따로 무슨 일을 하려 하겠는가?

교회 형태에 관한 시비는 아주 오래전부터 계속되어 왔다. 성경적 교회 형태가 비성경적 교회 형태와 공존할 수 없다는 결론만으로 이 문제는 해결될 수 없다. 성경은 오직 두 가지 차원에서 교회에 관해 말한다. 교회의 보편성과 지역성이 그것이다. '보편 교회'란 지상의 모든 교회를 말하고, '지역 교회'란 지역성을 띤 교회를 뜻하는 것이다.

그런데 종교 개혁 이후로, 보편적이지도 않고 지역적이지도 않은 새로운 양태의 교회가 출현했다. 이것이 바로 교단이라는 것이다. 이 새로운 교회 형태는 우리가 상상할 수 있는 모든 교회 형태, 즉 보수적인 감독제, 중도적인 장로제, 급진적인 회중 교회 형태를 취합하고 있다.

우리는 아직도 해결을 보지 못하고 있다. 이유가 무엇일까? 포드 자동차 부품을 시보레 자동차에 쓸 수 없는 것과 같은 이치이다. 시보레 차에는 시보레 부품을 써야 한다. 교단 교회 형태는 신약 성경이 말하는 지역 교회와 다르며, 신약 어디를 찾아보아도 이런 유형의 교회는 없다.

에콰도르를 방문했을 때 일이다. 현지에서 자라는 크고 싱싱한 바나나를 보고 내가 말했다.

"아주 좋군. 이 바나나 나무 한 그루를 집에 가져갈까? 우리나라 바나나는 너무 작거든."

그때, 누군가가 만류하며 나섰다.

"생각처럼 잘되지 않을 겁니다. 아르헨티나는 너무 추워서 이렇게 큰 바나나가 자랄 수 없지요. 나무를 가져가기 앞서 흙, 비, 기후를 가져가야 할 겁니다. 아예 에콰도르를 통째로 아르헨티나로 옮겨 가시지요."

지금 우리가 이런 지경이다. 초대 교회에 성령 세례가 있었다고 해서, 기후도 고려하지 않은 채 우리 교회에 옮겨 심으려고 했다. 그 결과 짧고 땅딸막한 바나나를 수확하였다. 왜 그랬을까? 성령께서는 1세기에나 지금이나 동일하다. 그러나 그분의 능력이 감소된 것처럼 보인다. 그분의 능력의 농축액에 엄청난 물을 섞은 것이다. 우리가 그분을 위축시켰다.

● 교회는 오직 하나다

비성경적 구조가 건재한 곳에 성경적 형태의 교회를 세울 수 없다.

성경적 교회란 무엇인가? 지역 교회이다. 각 지역에 흩어져 있는 교회 말이다. 하나님께서 한 분이시듯, 교회는 하나이다. 교회가 두 개, 세 개, 열 개일 수는 없다.

하나님께서 불타는 가시떨기에서 당신 자신을 계시하셨을 때, 모세는 그분께 이름을 여쭈었다. 그러자 하나님은 말씀하셨다.

"모세야, 너는 잡신들을 숭배하는 애굽에서 장성했다. 거기서는 그 잡신들 하나하나를 부를 이름이 필요했다. 그러나 하나님은 한 분이시니 나 외에 다른 신이 없느니라."

모세는 이해할 수 없었다. 그래서 계속 이름을 여쭈었다. 그러자 하나님이 또 말씀하셨다.

"모세야, 신이 여럿이라면 이름들이 필요하겠지만 내게는 이름이 없다. 나는 나다(I am who I am). 나는 유일한 신이다."

"그러나 애굽에 가서 제가 당신을 불러야 하는데 무엇이라고 해야 합니까?"

"이런, 너는 그저 내가 너를 보냈다고 말하기만 하면 된다."

정말 무슨 이름이 필요한가! 교회에 있어서도 마찬가지이다.

가끔 사람들이 내게 묻는다.

"어느 교회에 다니십니까?"

"교회(the church)에 다닙니다."

"어떤 교회입니까?"

"교회라니까요(the church)."

"아, 그러지 마십시오. 제 의도를 아시지 않습니까. 어느 교회에 다니십니까?"

교회는 오직 하나이다. 신약 성경 어디에도 교회에 이름을 붙이려고 한 흔적은 없다. 오직 한 교회만이 있었기 때문이다. 노스 캐롤라이나의 샤롯이라는 도시에 갔을 때, 그곳에 교회가 4백 개나 된다는 말을 들었다. 이 말은 틀린 말이다. 샤롯의 한 교회가 모두 4백 조각으로 흩어져 있을 뿐이다. 각 지역에는 오직 한 교회만이 존재한다.

이제는 이 여러 개의 조각들을 다시 짜 맞출 방법을 연구해야 한다. 가장 높은 건물에 올라가서 기도해야 한다.

"주님, 주께서 보시는 대로 이 도시의 교회를 보아 주옵소서!"

우리는 모두 지독한 근시안들이다. 그래서 하나님께서 하늘에서 긴 관을 통해 우리 교회만을 보시면서 "모든 것이 아름답구나! 저 멋진 오르간과 저 고급스러운 카펫을 보라!" 하고 말씀하신다고 착각한다.

하지만 정반대이다. 그분은 우리들을 굽어보시면서 울고 계신다. 우시면서, 옛날 예수님이 예루살렘을 향해 우시면서 하셨던 말씀을 되뇌신다.

"암탉이 그 새끼를 날개 아래 모음같이 내가 네 자녀를 모으려 한 일이 몇 번이냐 그러나 너희가 원치 아니하였도다 보라 너희 집이 황폐하여 버린 바 되리라"(마 23:37-38).

그분은 이 도시의 여러 교회 목사들을 모두 그분의 단 한 교회의 협동 목사들로 보신다. 그들이 협동 목사라면, 그들은 마땅히 서로 만나고,

교제하고, 서로 사랑해야 한다. 그들은 예루살렘 교회의 열두 목사(사도)가 그랬던 것처럼 함께 생활해야 한다. 그들은 이 도시의 감독들이요, 하나님의 양떼를 돌보는 장로들이다.

오늘날 집사들을 '장로들'이라고 부르는 중대한 실수를 범하고 있다. 우리는 장로가 목사들 아래서 그들을 '섬기는' 자라고 생각하는데, 잘못된 생각이다. 신약 성경에서는 이 두 직분이 동일한 것으로 기록되어 있다. 요한계시록 1장에서 촛대들(교회들) 사이를 걸으시는 분으로 나타나는 예수님이 머리이시다. 각 지역에 흩어진 각 교회는 서로 다르다. 각 교회는 예루살렘 교회가 한 면에 주력하고 안디옥교회는 다른 면에 힘을 쓰듯이, 각자의 지역 사정에 따라 움직인다. 그러나 모든 교회는 예수 그리스도의 주권 아래 있다. 그리고 사도들과 장로들의 지도에 따라, 하나님의 나라가 각처로 전파되어야 한다.

이 개념이 마냥 낯설게만 느껴지는가? 단순히 전통을 위협하는 것만 같은가? 스스로 자기 손가락을 부러뜨릴 수 없듯이, 교단과의 관계를 즉시 끊기란 어렵다. 그렇다면 이것만은 염두에 두자. 교단이 각 지역에 있는 그리스도의 참 몸을 분별하는 일에 방해가 되어서는 안 된다. 신성한 프로테스탄트적 전통이 성장의 길을 가로막아서는 안 될 것이다.

전천후 교회

그러므로 너희는 가서 모든 족속으로 제자를 삼아

아버지와 아들과 성령의 이름으로 세례를 주고.

—마 28:19

제자 삼는 '기술'에 대해 살펴보자. 그런데 말을 시작하기에 앞서 조금 염려되는 것이 있다. 먼저 성령에 의해 변화 받아야 하는데, 내 말만 그대로 흉내 내지 않을까 하는 것이다. 이렇게 하면 곧 실패하고 만다.

교회는, 이 기술을 써먹기 전에 내가 제1부에서 역설한 것처럼, 그리스도의 주권과 종의 역할을 새롭게 알아야 한다. 새 술을 담그기 전까지는 새 부대가 필요 없다. 가장 중요한 것은 새 술을 담그는 것이고, 술 담는 통(체제)은 그 다음에 걱정해도 된다.

이 기술은 책이나 강의를 통해 습득한 것이 아니다. '공동 생활'을 통해 직접 배웠고, 따져 보고 말 것도 없이 직접 이 기술을 구사하기 시작했다. 즉 새 술의 위력을 극대화시키려고만 한 것이다.

● 제자도를 시작하라

제자도는 목사들과 더불어 시작되어야 한다. 만약 목사들이 전 장에서 설명한 것과 같이 삶을 나누지 않고, 자기 자신을 한 도시 안에 있는 하나님의 유일한 교회의 장로로 여기지 않는다면, 결코 사람들을 제자로 삼을 수 없다. 제자도는 위에서 아래로 내려간다. 제자를 삼기 위해서는 먼저 자신이 제자가 '되어야' 한다. 제자도는 교설이나 강의 이상으로, 제자도가 곧 삶이다. 목사들은 고리타분한 설교를 버려야 하고, 그것들로 제자를 삼겠다는 생각을 집어치워야 한다. 옛날 방법은 더 이상 통하지 않는다.

오늘날 하나님의 뜻은 협동 사역을 통해 나타난다. 사역자들이 주님 앞에서 기다리고, 함께 기도하고, 서로 사랑한다면, 하나님께서 그들의 사역지를 위한 크신 뜻을 나타내 보이신다. 그리고 마침내 하나님은 무리 지어 있는 당신의 목자들에게 말씀하신다. 만일 목사들이 피차에 복종하지 않는다면, 어떻게 사람들이 우리에게 복종하기를 바랄 수 있는가?

하나님의 유일한 교회에 속한 다른 목사들은 독재적인 목사에게 제자들이 착취당하는 것을 방지해야 한다. 또 제자들에게 자기들의 목사도

한 사람의 제자이며, 지역 공회의 권위에 순종한다는 것을 몸소 보여 주어야 한다.

목사들의 모임이 제자화되는 데에는 많은 시간이 걸리겠지만, 이 일은 반드시 성취되어야 한다. 당신은 지금 엄청난 것을 배우고 있다. 나는 침례 교인, 장로 교인, 프리마우스 형제단, 혹은 가톨릭 교인이 나에게 어떤 새로운 것을 말해 줄 수 있다고는 상상도 해 본 일 없는 골수 오순절파 교인이었다. 그러나 지난 1967년 처음으로 한자리에 모였을 때, 나는 우리 교단과 내가 전혀 완벽하지 않음을 깨닫기 시작했다.

물론 모든 목사가 다 선지자나 복음 전하는 자는 아니었다. 어쨌든 함께 모여서 목회 경험을 나누면서 서로서로 풍성해졌다. 지금은 모두 스물다섯 개 교파의 사람들이 모인다.

이 모임이 부에노스아이레스의 모체가 되는 모임(Mother Cells) 가운데 하나가 되었다. 이 모임이 계속되던 중, 우리는 몇 명의 제자들을 뽑아 장차 장로로 세우기로 결정하였다. 무엇보다 사람을 선발하는 데 각별한 신경을 쏟았다. 전에도 그런 부류의 사람을 뽑았거나, 그들이 교육받고 돈 있는 사람들이라서가 절대 아니었다. 제자는 하나님의 인도하심에 따라 순수하게 뽑아야 한다. 바울은 외적 조건을 보아서라면, 결단코 디모데를 뽑아 세우지 않았을 것이다. 그는 나이도 어린 데다 수줍음을 잘 탔다. 어느 정도인가 하면 "네가 우리 주의 증거와 또는 주를 위하여 갇힌 자 된 나를 부끄러워 말고"(딤후 1:18)라고 바울이 편지에 거론해야 했을 정도다. 설상가상으로, 그는 습관성 위장 장애가 있었다. 그러나 하나님은 디모데를 택하셨다.

예수님은 열두 제자를 뽑으시기에 앞서 밤새도록 기도하셨다(눅 6:12-13). 제자를 세우는 일은 엄숙하고도 영적인 결정이다. 그때부터 순(筍, 또는 구역, Cell, 앞으로 편의상 순이라고 하겠음 - 역주)들이 증식을 시작하였다. 시간이 지날수록 그리스도의 주 되심이 더욱 진하게 드러났다.

● 7일 동안의 양육

각각의 제자들은 한 주간에 7일 밤을 쓸 수 있다(아르헨티나에서는 거의 모든 사람들이 하루 종일 일하기 때문에 '밤'이라는 말을 쓴다).

제자는 첫 번째 밤을 그가 '양육 받는' 순에 가서 보냈다.

두 번째 밤은 다른 제자를 양육하기 위해 바친다. 한 순에서는 새로운 결신자들을 양육하고, 다른 순에 가서는 예비 지도자들을 육성한다. 이런 모임은 24시간 내내 돌아가는 세포 증식 공장이다.

한 사람이 신자가 되면 처음에는 한 순, 그러니까 그리스도 안에 있는 아이들을 위한 순에만 속한다. 곧 그는 지도자로 양육받기 위해 다른 순으로 보내진다. 그 다음 그는 한 명의 완전한 제자로서 위로부터 공급받고, 동시에 결신자들과 아직 어린 제자들에게 공급하는 역할을 담당한다. 끊임없는 섬김으로 고갈되는 사람도 없고, 그렇다고 가만히 앉아서

피둥피둥 살만 찌는 사람도 없다.

그 주간의 네 번째 밤에(보통 토요일이 된다) 모두 모인다. 다섯 번째 밤은 가족과 함께 보낸다. 이것은 철칙이다. 미혼(독신)자는 부모님과 함께 보낸다. 제자도에 있어서 가족 관계는 매우 중요하다. 제자도는 말만 하는 것이 아니라 새로운 생활 양식이기 때문이다.

여섯 번째 밤은, 쉼의 시간이다. 이것 역시 철칙이다. 누구나 쉬어야 한다. 왜냐하면 순 모임을 갖는 날에는 1시 이전에 잠자리에 들지 못하는 경우가 종종 있기 때문이다. 하나님 나라를 위해서는 쉬어야 한다. 왕께서는 우리가 직무를 감당하기 위해 재충전되기를 원하신다. 이런 이유 때문에 그분은 모세에게 제4계명을 주셨다.

많은 그리스도인이 주일은 쉬는 날이라고 말한다. 그러나 이 말은 틀린 말이다. 왜냐하면 다른 어떤 날보다 피곤해지는 날이 바로 주일이기 때문이다. 주일 학교에 가려면 일찍 일어나야 하고, 아침 예배 드리고, 오후에 노방 전도 나가고, 돌아와서 청년부 예배, 그 다음에 저녁 예배를 드린다. 우리 교회의 경우는 집회 네 개를 평일로 흩어 놓았는데, 대부분의 그리스도인은 이 일들을 하루에 다 해야 하니 주일이 어찌 쉬는 날이 되겠는가!

"아무 일도 하지 말라"(출 20:10)는 말씀을 글자 그대로 받아들여라. 의류 제조업자들은 세탁 방법, 다림질 온도 등을 명시한 꼬리표를 옷에 단다. 마찬가지로 하나님께서는 우리를 만드실 때 '이 정교한 생명체는 일주일 가운데 하루를 반드시 쉬어야 함'이라는 표찰을 달아 주셨다. 사람들이 하나님의 명령을 잘 따른다면, 의사들과 정신 요법사들이 그렇게 많은 돈을 벌지 못할 것이다.

우리 교회가 주일 아침에 집회를 갖지 않는 이유도 여기에 있다. 우리 교우들은 주일 아침 10시나 11시까지 충분히 잔다. 다른 교회와는 다른 우리의 방식이다.

일곱 번째 밤은 강화를 위한 밤이다. 다른 6일 밤 동안에 배우고 토의한 기본적인 것들을 이 일곱 번째 밤에 깊이 있게 공부한다. 제자들은 지도자들에게 가서 자기 약점을 보완받는다. 아니면 지도자로서 제자를 방문하거나, 가족 관계를 돈독히 하는 시간을 갖거나, 또는 휴식을 취해도 좋다. 일곱 번째 밤은 이렇게 서로가 원하는 것을 하며 지낸다.

그리고 한 달에 한 번, 금요일 밤에서 토요일 오후까지 주말을 보내기 위해 모든 순들이 교외로 나간다. 우리는 서로 나누고, 함께 삶을 살고, 자기 죄를 다른 이에게 고백하고, 공동체 관계를 정립한다.

이제는 우리 교우들이 왜 전적으로 하나님의 나라에 헌신해야 하는지 알 수 있을 것이다. 하루 종일 일하는 동안, 그들은 이 일을 마친 뒤 하나님 나라를 위해서 무엇을 할 것인지 생각한다. 그들은 하루 24시간 내내 그리스도의 제자이다.

● 순(cell)이란 무엇인가?

'순'(cell)은 특정한 목적 아래 대여섯 사람이 모인 모임을 현대식으로 표현한 말이다. 물론 성경 용어는 아니다. 보다 적절한 이름은 '가정 교회'(church in the home) 정도다. 그러나 우리가 '가정 교회'라고 하면 사람들이 지레 겁부터 먹는다. 말을 듣는 순간 찬송, 기도, 설교, 성경 봉독, 폐회 등 예배 의식을 집에서 행하는 것이라고 생각하기 때문이다. 그러나 그것이 순 모임의 전부는 아니다. 점차 '가정 교회'라는 이름을 쓰게 될 것이다. 사람들은 교회가 한때 '가정 교회'라는 이름으로 불렸음을 잊어버렸다.

약 1년 동안 '순'이라는 용어를 사용하다, 나눔을 강조하기 위해서 '작은 공동체'(small community)로 이름을 바꾸었다. 왜냐하면 우리 교회 내에서 빈곤을 추방하기 위해서 열심을 내고 있기 때문이다. 그리스도인은 세상의 빛이 되어야 한다. 그러나 먼저 할 일이 있다. 교회 안의 문제도 제대로 해결하지 못한다면 어찌 교회 밖의 문제에 대해 이러쿵저러쿵 할 수 있는가? 어떤 목사들은 사회 정의 실현을 위해 정치 문제에 깊이 관여한다. 그러나 더러는 자기들이 목회하는 교회는 엉망인 경우가 있다. 무엇보다 사람들이 우리의 말을 청종하고, 복종하는 곳에서부터 시작해야 한다. 성경책을 들고 다니는 사람들에게서부터 시작해야 한다. 왜냐하면 그들은 다른 누구보다 앞서서 사회 정의를 실현해야 하는 사람들이기 때문이다.

한 형제가 잠잘 곳이 없어 전전긍긍하는데, 다른 한 형제가 텔레비전을 두 대 가지고 있다는 것은 말도 안 된다. 또 한 형제는 수십 블록(block)씩 걸어가거나, 또 매일 한 시간씩 버스를 기다려야 하는데, 다른 한 형제는 승용차를 두세 대씩 가지고 있다는 것도 말이 안 된다. 그러나 이런 일이 얼마나 비일비재한가?

이런 이유로, 우리는 교회 안에서 공동체 의식을 강조한다. 교회 안의 빈곤을 추방하고 나면, 세상을 향해서 사회 정의를 말할 수 있는 권위를 갖게 될 것이다. 그래서 먼저 내 집을 청소하는 중이다.

한 순은 5-8명으로 구성된다. 이 순이 보다 커지면, 하나의 작은 교회를 이루게 된다. 우리는 교회가 자기 자신을 그리스도 몸의 한 지체로 자각하는 사람들로 구성되기를 원한다. 순을 구성하는 모든 사람들이 우리 교회의 성도는 아니다. 어떤 이들은 침례 교인, 나사렛 교파 교인이며 심지어 한 지체의 삶을 살며 제자로서 양육되기 원하는 가톨릭 신자도 있다.

순 모임 지도자는 아무런 직함도 가져서는 안 된다. 하나님께서 새롭게 하시기 시작한 이후, 직함 문제를 조심스럽게 다루고 있다. 누구를 집사, 장로 또는 그 밖의 다른 직책에 세우기 위해 안수하지 않는다. 물론 전에는 부지기수로 행했다. 그 시절 나는 존경스러운 분(the Reverend)이며 위임 목사로 통했다. 하지만 이제는 내가 초대 교회 집사만도 못하다는 것을 안다. 그들은 훨씬 더 영적이었고 지혜로웠으며, 권세가 있었고, 은사로 충만하였다. 그래서 내 유일한 직함은 무익한 종이다.

권위는 직함에서 나오는 것이 아니라 영성에서 나온다. 이 점을 직시

하지 않는다면 크게 실망하게 될 것이다. 더불어 누군가를 집사나 장로로 세우고 싶은 마음이 싹 사라져 버리게 될 것이다. 영적으로 성숙한 사람에게는 아무런 직함이 없더라도 순복하게 된다. 그러나 하나님께서 세워 주신 권위가 아니면, 극존칭의 직함을 붙인다 하더라도 아무것도 아님을 알아야 한다.

지도자들을 세우는 것이 잘못되었다는 말이 아니다. 단지 기다리면서 하나님께서 그들에게 어떤 역할을 맡기시게 하는 게 현명하다는 뜻이다. 그렇게 하면 누가 지도자감인지 쉽게 발견할 수 있다.

순 모임은 언제 어디서고 모일 수 있다. 한 순에 5-8명밖에 안 되기 때문에, 아파트가 너무 덥다고 느껴지면 해변이나 공원으로 나갈 수 있다. 집회 시간 따위는 아무런 문제가 되지 않는다. 주일 아침 9시, 주일 저녁 7시에만 개방되고 나머지 시간에는 문을 꽁꽁 잠가 두는 대부분 교회와는 달리 해변이나 공원에는 시간 제한이 없다.

● 순의 구성원과 임무

순 모임에는 구성원과 임무라는 두 가지 중요한 국면이 있다. 사실 그동안 나는 임무라는 면만 강조했다. 성취하고자 하는 목표들은 있었지만, 그 목표에 도달하기 위해 부리는 사람들에 관하여 나는 조금도 생각하지 않았다. 회사원들을 한낱 기계, 이윤을 만들어 내는 데 필요한 도구로밖에 생각하지 않는 경영가와 별반 다를 게 없었던 것이다.

내가 자란 체제가 나를 그렇게 가르친 것이다. 청년 시절 소읍의 설교자로 파송받았는데, 일이 있어 교단 중앙 본부에만 가면 언제나 찬밥 신세였다. 신학교를 방문해도 누구 하나 인사를 건네지 않았다. 강의실로 학생들을 찾아갔지만 마찬가지였다. 그러나 큰 교회 목사가 되자 모든 것이 달라졌다. 신학교나 교단 본부를 찾아가면 아주 공손히 인사하고 융숭하게 대접한다. 이제는 내가 그들에게 중요한 인물이 된 것이다.

그러나 제자의 새 삶을 사는 사람들은 지위에 상관없이 사람을 사랑한다. 순의 구성원 한 사람 한 사람이 귀중하다. 지도자는 각 사람에게 야망과 소원이 있음을 알아야 한다. 그 다음 순 모임을 각 사람의 소원에 부응하여 움직인다.

따라서 그 누구도 자신을 눈여겨봐 달라고 간청할 필요가 없다. 순 모임에는 이런 전화가 필요 없다.

"모임에 오시는 것을 잊지 마십시오. 꼭 오시겠다고 약속하십시다."

왜냐하면 순 한 사람 한 사람이 오지 않을 수 없어서 오기 때문이다. 그들은 스스로 모임에 아주 깊숙이 관여하고 있음을 발견한다. 순 모임은 구성원들의 사회적·영적, 심지어는 경제적 욕구를 충족시킨다. 순 모임은 그들의 고민과 문제를 함께 고민한다. 이렇게 할 때만이 하나님 나라의 멍에를 질 수 있기 때문이다.

그러나 순 모임은 구성원의 연대감에만 집착할 수 없다. 그렇다면 순 모임은 야유회나 함께 가고 파티나 여는 좋은 사람들의 회합에 지나지 않는다. 순 모임은 주 예수 그리스도의 지상 명령이라는 하나의 임무를 위해 존재한다. 그들은 제자를 삼아야 하며, 그렇지 않다면 존재할 이유가 없다. 나아가 모임 구성원들이 서로 사랑하지 않는다면 그 임무는 결코 수행될 수 없다.

18장
Disciple

순(Cell) 모임

바울이 회당에 들어가 석 달 동안을 담대히 하나님 나라에 대하여 강론하며 권면하되

어떤 사람들은 마음이 굳어 순종치 않고 무리 앞에서 이 도를 비방하거늘 바울이 그들을

떠나 제자들을 따로 세우고 두란노 서원에서 날마다 강론하여 이같이 두 해 동안을 하매

아시아에 사는 자는 유대인이나 헬라인이나 다 주의 말씀을 듣더라.

-행 19:8-10

순(筍) 모임의 특징은 무엇인가? 순 모임은 가정 기도 모임과 어떻게 다른가?

순 모임은 다섯 가지 요소를 가지고 있다. 예배(devotion), 토론, 계획 수립, 행동화, 그리고 재생산이 그것이다. 물론 매번 이 다섯 가지 요소가 모두 함께 나타나지는 않는다. 어떤 모임은 처음부터 끝까지 예배로 드려지는가 하면 어떤 때는 토론만 할 수도 있다. 그러나 이 다섯 가지 요소는 순 모임에 반드시 반영되어야 한다.

사도행전 19장에 다섯 요소에 대한 기록이 있다. 바울은 에베소에서

제자를 삼았는데, 바울의 제자들은 전 아시아를 복음으로 뒤흔들었다. 그들은 주님을 예배하고 가르치고, 어떻게 복음을 전파할지 계획을 세우고, 각 지역으로 나갔으며, 계시록 2장과 3장에 언급된 일부 교회를 포함하여 새 교회를 많이 세웠다.

예배에 대하여는 설명할 필요가 없다고 생각한다. 기도, 경배, 찬양, 고백, 나눔 등 이것들은 모두 순 모임이 추구하는 헌신의 삶의 전부이다.

토론은 하나님의 말씀을 연구하는 시간이다. 일반적인 토론과는 달리 필요하다면 한 주제를 가지고 두 달 혹은 세 달까지도 계속된다. 이유는 앞서 배운 것을 실천하기 전까지는 새로운 것을 배우지 않기 때문이다. 성경은 우리에게 행하는 자가 되라고 하지, 듣기만 하는 자가 되지 말라고 하지 않는가?

이 세대는 듣기만 즐겨 한다. 말만 앞세우는 사람이 너무 많다. 그런데 우리 그리스도인까지 쉴 새 없이 떠들기만 한다면, 온 세상 사람들은 멍청히 들어야만 할 것이다.

과학적으로 조사한 결과 사람들은 들은 것의 20%만 기억하며, 그것도 복습하지 않으면 열흘 뒤에는 모두 잊어버린다고 한다. 일단 교회를 나서면, 설교의 20%만 기억하게 되며, 그나마도 실천하지 않으면, 혹은 같은 주제의 설교를 다음주에 다시 듣지 않으면 아무 소용이 없게 되는 것이다.

학창 시절 배운 것 가운데 기억에 남는 것은 무엇인가? 아마도 읽기나

쓰기, 더하기와 빼기, 곱하기, 나누기는 아주 선명히 떠오를 것이다. 왜냐하면 학창 시절 이후 지금까지 계속해서 써 왔기 때문이다. 그러나 세계사에 대해서는 얼마나 많이 기억하는가?

예수님은 "내가 분부한 것을 관찰해 보도록 그들을 가르치라"고 말씀하시지 않고, "내가 분부한 것을 알도록 가르치라"고 말씀하셨다. 그래서 우리도 실천이 있는 토론을 중시하는 것이다.

지금까지는 토론과 실천이 거의 일치하지 않았다. 기도 모임이 있는 화요일에는 기도에 관해 설교한다.

"여러분 기도하십시오! 기도는 사태를 변화시키며, 아울러 신앙 생활에 가장 중요한 것입니다."

그러면 어떤 때보다 기도해야겠다는 결심을 굳게 하고 집으로 돌아간다.

목요일에 성경 공부를 하기 위해 다시 모인다. 무너진 예루살렘 성벽과 느헤미야가 그것을 어떻게 재건했는지 공부했다.

"그가 얼마나 신실한 사람이었습니까! 오늘날 우리는 느헤미야와 같은 사람을 많이 필요로 하고 있습니다."

그때는 기도에 관해서는 잊어버리지만 느헤미야를 닮는 삶에 관해 생각한다.

다음 집회는 주일 학교에서 모인다. 사람들은 성막에 관해 공부하는 중인데, 성막 뜰, 그리고 이것 역시 매우 중요한 부분인 지성소가 아름다우신 그리스도를 나타낸다는 점을 아울러 배운다. 주일 학교가 끝나면 바로 아침 예배를 드리는데, 그 시간에 나는 성결을 주제로 설교한다.

"성결 없이 주님을 기쁘시게 할 수 없습니다! 하나님은 성결한 백성을 원하십니다."

그러면 그들은 기도, 느헤미야, 그리고 성막에 관해서는 잊어버리지만, 성결에 관해 생각하면서 집으로 돌아간다.

그리고 주일 저녁에는 "주님의 재림이 가까웠습니다. 우리는 그리스도의 재림을 준비해야 합니다"라는 설교를 듣기 위해 다시 모인다.

해마다 이 같은 일이 반복된다. 그렇다면 성도들은 듣는 일 외에 다른 어떤 일을 할 수 있는가? 일주일에 다섯 번 메시지를 듣는다면 일 년 52주면 260번 메시지를 듣는 격이다. 이쯤 되면 이런 말이 나올 법도 하다.

'이 설교가 마지막이다. 이번에도 설교 말씀대로 실천하지 않는다면, 실천할 때까지 차라리 교회에 오지 않겠다.'

그래서 우리 교회가 택한 새로운 방법은, 일 년에 다섯 번만 메시지를 전하는 것이다. 제자 훈련이 시작된 1971년 이래로, 채 스무 번도 메시지를 듣지 못했다. 하지만 교회에는 혁신적인 변화가 일어났다. 들은 것을 실천했기 때문에 가능했다. 말씀의 진가는 실천에서 나타난다. 생활에 필요한 교리는 신학 서적이나 교리서에 적혀 있는 것처럼 그렇게 많지 않다. 아무리 진리의 말씀이 많다 해도 실천하지 않으면 아무 소용이 없는 것이다.

바울이 디도에게 말한 것을 들어 보라. "오직 너는 바른 교훈에 합한 것을 말하여." 여기에 성삼위에 대한 신학이 드러나는가? 그렇지 않다.

"늙은 남자로는 절제하며 경건하며 근신하며 믿음과 사랑과 인내함에 온전케 하고 늙은 여자로는 이와 같이 행실이 거룩하며 참소치 말며 많은 술의 종이 되지 말며 선한 것을 가르치는 자들이 되고 저들로 젊은 여자들을 교훈하되 그 남편과 자녀를 사랑하며 근신하며 순전하며 집안 일을 하며 선하며 자기 남편에게 복종하게 하라 이는 하나님의 말씀이 훼방을 받지 않게 하려 함이니라 너는 이와 같이 젊은 남자들을 권면하여 근신하게 하되 … 종들로는 자기 상전들에게 범사에 순종하여 기쁘게 하고 거스려 말하지 말며 … 너는 저희로 하여금 정사와 권세 잡은 자들에게 복종하며 순종하며 모든 선한 일 행하기를 예비하게 하며"(딛 2:1-6, 9; 3:1).

바른 교훈! 이것은 대환난, 혹은 천년 왕국과 별 상관이 없다. 오히려 매우 실천적이다.

신앙 고백문이란 무엇인가? 우리가 믿는 바를 철학적으로 정의 내린 것이다.

바른 교훈이란 무엇인가? 고용주의 명령에 종이 순종하는 것이다.

대부분의 그리스도인이 동정녀가 예수를 낳았음을 믿고, 또 많은 학자들이 해마다 신학 서적을 써 내지만 교회 안에서 선한 교훈을 실천하는 집사들은 그리 많지 않다. 그들은 제한 속도를 위반하며 차를 몬다.

자기에게 이익이 되어야만 "정사와 권세 잡은 자들에게 순종하라"는 말씀에 겨우 귀 기울일 뿐이다.

베드로는 남편들에게 당부한다.

"이와 같이 지식을 따라 너희 아내와 동거하라 저는 더 연약한 그릇이요 또 생명의 은혜를 유업으로 함께 받을 자로 알아 귀히 여기라"(벧전 3:7).

하지만 정통 교리를 표방한다는 많은 목사와 집사들 가운데서도 이 교훈을 받들지 않는 자들이 많다.

몇몇 여집사들도 마찬가지이다.

"아내 된 자들아 이와 같이 자기 남편에게 순복하라."

베드로가 베드로전서 3장 첫 절에서 부탁한 말인데, 이 말씀을 지키지 않는 여집사들이 우리 교회에 적잖이 있다.

바로 이런 문제들을 순 모임에서 논의한다. 예를 들어 남편들에 관해 토의한다고 해 보자. 첫 주에 토의 내용을 전체적으로 훑어본다. 둘째 주에는 모든 참가자들이 남편이란 누구이며 아내, 아이들과 어떤 관계를 맺어야 할지 완전히 이해하도록 질문과 답변을 통해 토의 내용 전체를 복습한다.

셋째 주에 '남편은 가정의 머리이다'라는 핵심 토의 제목을 다룬다. 이때 어떻게 하면 실천할 수 있는지 구체적인 방법들을 모색한다.

모임 지도자가 로베르토에게 질문한다.

"로베르토 형제, 형제는 가정의 진정한 머리입니까?"

로베르토가 대답한다.

"사실, 고민이 좀 있습니다. 그 문제를 어떻게 해결해야 할지 모르겠어요. 그러니 스스로 가정의 머리라고 하기에 부족한 듯합니다."

"무슨 문제입니까?"

"최근에 장인어른이 별세하셨습니다. 그래서 혼자 되신 장모님을 저희 집에서 모시기로 했는데, 오시면서 큰 개를 데리고 오셨습니다. 그 개는 장인께서 무척 귀여워했거든요. 물론 장인어른의 손길이 깃든 개니까 반갑지 않은 건 아닙니다. 하지만 문제는 저희 아파트는 너무 좁아요. 그래서 아내에게 개를 내보자고 얘기했습니다. 그런데 제 아내는 생각이 달라요. '어머니가 불쌍해요. 저렇게 늙으셨는데, 개를 보면서 아버지 생각을 하게 놔두세요.' 그 말도 이해는 되지만, 그렇게 좁은 집에서 큰 개까지 키우는 건 도저히 불가능합니다."

그때 한 형제가 제안했다.

"로베르토 형제, 제가 도와 드리고 싶은데요. 저는 변두리에 사는데 제법 큰 자투리땅이 있어요. 제가 잠시 그 개를 키우지요."

하지만 지도자의 생각은 달랐다.

"안 됩니다. 하나님께서는 당신 가정에 무엇인가를 가르쳐 주시려고 그 개를 보내셨습니다. 형제의 말처럼 형제는 가정의 머리가 아닌 듯하군요. 그러나 형제가 생각하는 이유 때문에 그렇지는 않습니다. 머리는 모든 사람에게 명령을 내리는 그런 사람만은 아닙니다. 머리는 문제를 해결하고 무엇을 해야 할지 생각하는 사람입니다."

"하지만 골칫덩이인 그 개를 어떻게 합니까? 그 놈은 집이 떠나가라 짖어 대고, 사람이 아니니 말을 알아들을 리도 만무하고."

또 다른 형제가 말한다.

"개를 쫓아내는 것이 잘하는 일이라 합시다. 그러나 하나님은 당신이 어떤 식으로든 그 개를 사랑하기 원하십니다. 로베르토 형제, 생각해 보십시오. 형제는 아내를 서운하게 하고 장모님을 슬프게 하고 있습니다. 문제는 개가 아니라 형제 자신이에요."

로베르토가 말한다.

"그렇다면 개를 데리고 살라고요? 아, 그건 안 될 말입니다!"

지도자가 다시 말을 꺼낸다.

"형제, 염려 마세요. 하나님께서 형제에게 그 개를 용납할 능력을 주시기를 다 함께 기도 드리겠습니다. 자, 이리 와서 가운데로 앉으세요."

그들은 그 형제를 빙 둘러서 그에게 손을 얹고 기도한다.

"하나님, 형제가 지금 가진 고민에 대해 승리할 수 있게 하여 주시옵소서. 그가 아내와 장모님을 사랑할 수 있게 하여 주옵소서. 그를 도와 주시옵소서…."

로베르토는 울기 시작한다. 마침내 그는 말한다.

"좋습니다. 이 일을 감당할 수 있을 것 같습니다."

모임의 형제자매들이 이구동성으로 대꾸한다.

"잘 생각했습니다. 집에 가는 길에 상점에 들러서 개에게 입힐 새 옷을 사세요. 돈이 없다면 저희가 빌려 드리지요. 형제는 그 개를 사랑하는 법을 배워야 합니다. 형제는 형제 가정의 문제를 해결하려고 노력하는 중입니다."

로베르토는 그 시간, 그의 아내가 또 다른 순 모임에 참석하고 있다는 사실을 모른다. 그녀 역시 개 문제를 이야기한다. 그때 나의 아내가 말한다.

"로베르토 형제님은 자매 가정의 머리입니다. 자매는 그에게 복종해야 합니다. 그리고 어머니도 지금은 그에게 복종해야 해요. 그가 개를 내쫓겠다면 개는 나가야 합니다. 개를 다른 곳에서 키운다 해도 일주일에 한두 번은 개를 보러 자매와 자매 어머니가 갈 수 있잖아요."

그녀가 대답한다.

"개를 다른 곳에서 키울 생각은 해 본 적이 없어요. 그래요, 남편은 진정 머리이고 우리는 복종해야 하겠지요. 어머니와 얘기해 보겠습니다."

그녀는 집으로 돌아가서 어머니에게 개를 내보내자고 설득시킨다. 그때 로베르토가 개에게 입힐 새 옷을 손에 들고 들어온다.

주일 아침 예배를 통해서는 이런 일이 일어날 수 없다.

로베르토를 위한 기도를 마친 후에 우리는 휄리페에게, 또 그 다음에 다른 사람들에게 차례로 질문을 계속한다(순 모임이 4-6시간 걸리는 이유를 알 수 있을 것이다).

다음주에 모였을 때, 로베르토에게 어떤 일이 일어났는지 듣는다. 로베르토가 말한다.

"제가 집에 들어섰을 때 어떤 일이 일어났는지 여러분은 믿기 힘드실 겁니다."

그 이야기를 듣는 동안 다들 자기 일인 양 함께 기뻐한다.

다섯째 주에는 "남편들은 그들의 아내를 사랑해야 한다"는 두 번째 핵심 토의 제목을 다룬다. 여기에 결혼의 비의(秘義)가 담겨 있다. 모임이 끝나고 돌아가는 길에는 장미 한 송이나 사탕 한 봉지를 사서 아내에게 살며시 건넨다. 그 작은 선물로 가정은 곧 천국이 된다.

세 번째 핵심 토의 제목은 "남편은 가족들을 잘 먹여 살려야 한다"는 것이다. 이때 대부분 인플레이션 때문에 너무 힘들다고 불만을 토로한다. 그때 누군가가 자기와 자기 이웃이 옥수수를 대량 구입해서 돈을 절약했다는 이야기를 꺼낸다. 또 다른 사람은 어떻게 하면 보다 알뜰하게 돈을 아끼면서 살림할 수 있는지 정보를 알려 준다.

보다시피 순 모임이라고 해서 하늘의 것, 지고한 것만 이야기하는 것은 아니다. 경제적인 어려움이나 정치 등 모든 것이 토의 주제가 될 수 있다. 왜냐하면 우리는 전인격적인 사람이기 때문이다. 사람은 영혼만 있는 것이 아니다. 하나님의 나라에서는 영적인 복음(spiritual gospel), 사회 복음(social gospel)이라는 것이 없다. 복음은 하나님 나라의 복음 한 가지밖에 없다.

자, 이제 복종이 얼마나 중요한 것인지 알겠는가? 로베르토가 불순종하는 영을 가졌다면 그의 집에는 아무 일도 일어나지 않았을 것이다. 깨어짐은 그저 눈물만 흘리는 데서 그치지 않고, 순종함으로써 완성된다. 울기는 많이 울지만 여전히 깨어지지 않는 사람이 있다. 순종이 없다면 아무리 눈물로써 깨닫는다 해도 아무 소용없다. 물론 순종과 복음은 사랑과 신뢰로 말미암는 자발적인 것이다.

2-3개월 후에 드디어 남편에 관한 토의를 마친다. 시간은 걸렸지만, 모든 가정이 변화되었다. 교우 모두가 말씀을 실천하는 믿음의 사람이 된 것이다.

순 모임이야말로 교회의 **뼈**요, 근육이다. 주일 모임은 피부에 불과하다. 내부의 순들이 튼튼하고 건강해야지, 그렇지 않으면 피부도 끝내 죽고 만다. 순 모임이 살아 있고 전 지역에 걸쳐 제자들이 꾸준히 양육될 때, 우리의 모임들은 활기차게 빛날 것이다.

예수님이 명하신 것을 행하자. 거꾸로 된 교회를 바로 세우고, 제자로서 새 삶을 시작하자.

아버지의 약속 – 새 마음

볼지어다 내가 내 아버지의 약속하신 것을 너희에게 보내리니

너희는 위로부터 능력을 입히울 때까지 이 성에 유하라 하시니라.

– 눅 24:49

지금까지 말한 것들 모두 교회를 개혁하기 위해 매우 중요한 이야기이다. 그러나 교회 개혁보다 먼저 알아야 할 것이 있다. 바로 아버지의 약속을 알고 이해해야 한다. 그래서 19과 20장은 다음 두 가지 목적을 염두에 두고 썼다.

첫째, 독자들을 고무, 격려하고 아버지의 약속이 곧 회복될 것임을
　　　알리기 위해.
둘째, 형제 자매로서 피차에 더욱 겸손해지기 위해.

예수님은 아버지의 약속에 관해 말씀하실 때 "볼지어다 내가 내 아버

지의 약속하신 것 가운데 '하나를' 너희에게 보내리니"라고 말씀하시지 않았다(어떤 설교가들은 성경에 모두 6천 개의 약속들이 있다고 하고, 또 어떤 이들은 3천 개가 있다고도 하지만 나는 모르겠다). 예수님의 제자들은 예수님께서 "내가 내 아버지의 '약속하신 것'을 너희에게 보내노라"고 말씀하셨을 때 그것이 무엇을 뜻하는지 완전히 이해했다.

현대를 사는 우리도 명확하고도 한정적인 성경 말씀이 있으므로 아버지의 약속이 무엇인지 확실하게 알 수 있다. 그 약속이 무엇인지 알기 위해 아담과 하와에게로 돌아가 보자.

● 아담과 하와의 선택

누구는 아담과 하와가 타락하지 않았다면 우리가 지금과는 다른 유형의 삶을 즐겼을 것이라고 말한다. 혹은 "내가 아담처럼 순전했다면" 하고 말하는 사람도 있다. 아담은 죄를 몰랐다. 그러나 타락했다. 즉, 죄를 몰랐다는 것이 타락하지 않을 것이라는 보증은 되지 못한다는 것이다. 만약 아담과 하와가 타락하지 않았다면 아벨 혹은 가인, 아니면 다른 사람이 타락했을 것이다. 왜냐하면 사람은 저마다 타락할 가능성을 지닌 채 만들어졌기 때문이다. 사람을 만드실 때 하나님은 사람이 타락할 것을 아셨다. 그러나 그분은 타락을 묵과하시면서 아무것도 아닌 자들을 통해서 그분 자신을 영화롭게 하시려는 계획을 가지고 계셨다.

아담과 하와가 타락하기 전, 하나님은 그들에게 특정한 나무 열매를 먹지 말라고 말씀하셨지만, 그들은 명령을 지키지 않았다. 그 결과 사람은 선악을 알게 되었으며 스스로 자기 일을 결정해야만 했다. 그러나 사람은 약하기 때문에 선을 행하고 악을 멀리할 수 없었다. 그러자 악 앞에서 번번이 실패하는 자기 모습을 보고는 깊은 절망에 빠질 수밖에 없었다.

"사람은 무엇을 할 수 있는가?" "어떻게 하나님을 기쁘시게 할 수 있는가?" 나는 옳은 길도, 그릇된 길도 안다. 나는 옳은 일을 행하기 원하지만 실제로는 그릇된 것들을 행한다. "오 하나님, 이것이 어찌된 일입니까! 어떻게 당신의 요구를 충족시킬 수 있겠습니까?" 사람들은 절규한다.

그래서 하나님께서 '기록된 하나님의 말씀' 곧 모세의 율법을 주셨다. 모세의 율법은 모든 계명들과 '하라' 와 '하지 말라' 는 강력한 명령들로 가득 차 있다. 만약 율법이 절망에 빠진 사람들에게 조금이라도 위로가 되었다면, 사람들은 율법 앞으로 나왔을 것이다. 그러나 율법은 사람들을 향해서 항상 같은 요구와 같은 명령만 했고, 자연히 사람들은 같은 실패, 같은 문제에서 헤어나오지 못했다.

사람들은 진정으로 하나님의 계명들을 준수하고 성결하게 살기 원했지만, 그렇게 하지 못했다. 그들이 무엇을 하든지 어떤 노력을 하든지 간에, 하나님을 기쁘시게 하는 삶을 산다는 것은 전혀 불가능해 보였다.

그래서 하나님은 당신의 백성들을 도우시기 위해 어떤 조치를 취하겠다고 약속하셨다. 성경은 아버지의 이 약속에 기초하고 있다.

"나 여호와가 말하노라 보라 날이 이르리니 내가 이스라엘 집과 유다 집에 새 언약을 세우리라 나 여호와가 말하노라 이 언약은 내가 그들의 열조의 손을 잡고 애굽 땅에서 인도하여 내던 날에 세운 것과 같지 아니할 것은 내가 그들의 남편이 되었어도 그들이 내 언약을 파하였음이니라 나 여호와가 말하노라 그러나 그날 후에 내가 이스라엘 집에 세울 언약은 이러하니 곧 내가 나의 법을 그들의 속에 두며 그 마음에 기록하여 나는 그들의 하나님이 되고 그들은 내 백성이 될 것이라 그들이 다시는 각기 이웃과 형제를 가리켜 이르기를 너는 여호와를 알라 하지 아니하리니 이는 작은 자로부터 큰 자까지 다 나를 앎이니라 내가 그들의 죄악을 사하고 다시는 그 죄를 기억지 아니하리라 여호와의 말이니라"(렘 31:31-34).

하나님은 이 새 언약을 그분이 자기 백성을 애굽에서 건져 내실 때 세우신 언약과는 전적으로 다르다고 말씀하셨다. 이 언약은 외부로부터의 명령이 아니라, '자발적으로 순종하려는 마음'이다. 하나님은 "내가 나의 법을 그들의 속에 두며 그 마음에 기록하여…"라고 말씀하셨다.

대부분 "내가 그들의 죄악을 사하고 다시는 그 죄를 기억지 아니하리라"는 새 언약의 후반부만을 설교하고 가르친다. 그러나 새 언약은 죄용서 이상의 내용을 담고 있다.

'외부로부터의 명령'과 '자발적으로 순종하는 마음'의 차이는 무엇인가? 다음과 같은 예를 들어 설명할 수 있을 것이다. 어머니가 딸들에게 집안일을 시켰다. 그러나 딸들은 말을 듣지 않았다. 이래라 저래라 하는 것이 싫었기 때문이다. 그러나 처음으로 남자친구들을 집에 데려온 날, 어머니가 일을 시키자 전에 없이 척척 해냈다. 남자친구들이 보고 있다는 생각에 일하고 싶은 마음이 속에서 우러나왔기 때문일 것이다.

하나님께서는 우리가 이와 같이, 즉 자발적으로 당신을 섬기기를 바라신다. 그러나 십계명은 하나님의 뜻의 빈약한 그림자이다. 말하자면 음식에 모양을 내기 위해 얹는 고명쯤 되는 것이다. 그래서 예수님은 산상수훈에서 말씀하셨다. "네 이웃을 사랑하고 네 원수를 미워하라 하였다는 것을 너희가 들었으나."

그러나 하나님의 뜻은 이것 이상이다.

● 옛 언약에 매인 사람들

하나님의 율법을 엄격히 지키는 것이 곧 하나님을 진정 영화롭게 하는 일은 아니다. 왜냐하면 사람들이 강제적 조항 때문에 할 수 없이 당신을 섬기는 것으로 간주하시기 때문이다. 율법이 하나님을 섬기라고 명령하기 때문에 그렇게 하는 사람은 아직 옛 언약에 매여 있는 것이다. 오늘날 대부분의 그리스도인이 옛 언약 아래서 산다. 그들은 "이것저것

해 보려고 노력해 왔습니다"라고 말한다. 하지만 엄밀히 말하면, 이 말은 '할 수 없다'는 말과 다를 바 없다.

그들은 자기가 만든 저주에서 벗어나지 못하고 있다. 하나님을 찬양하고 인격적으로 하나님의 백성이라 하여도, 여전히 엄청난 부채와 삶의 문제를 두고 자기 머리로만 생각하고 있다. 교회에서 훌륭한 일을 하지만, 집에 가 보면 그들이 안고 있는 문제는 여전하다.

아직 옛 언약 아래 있기 때문이다. 어떤 사람들은 옛 언약이 구약 성경이고, 새 언약이 신약 성경이라고 생각하는데, 잘못된 생각이다. 옛 언약은 기록된 율법이고, 새 언약은 새 마음이다.

"또 새 영을 너희 속에 두고 새 마음을 너희에게 주되 너희 육신에서 굳은 마음을 제하고 부드러운 마음을 줄 것이며 또 내 신을 너희 속에 두어 너희로 내 율례를 행하게 하리니 너희가 내 규례를 지켜 행할지라"(겔 36:26-27).

하나님은 "내가 너희에게 새로운 윤리 체계, 새로운 계명들을 주겠노라"고 말씀하시지 않았다. 전혀 새롭고, 그 위에 당신의 뜻을 쌓을 수 있는 획기적인 기초인 '새 마음'을 주겠다고 말씀하셨다.

새 언약은 우리가 무엇을 하는 것이 아니다. 하나님의 계명들을 암송한다고 해서 계명을 우리 마음속에 두는 것은 아니다. 옛 언약 아래 있는 사람은 하나님의 계명이 무엇인지 배울 수 있지만, 그대로 행할 수는 없다. 그런데 현대 그리스도인 가운데 몇몇은 회심했을 때 이미 새 마음을 받았으면서도, 옛 속성을 버리지 못한 채 그대로 간직하고 있다.

그러나 새 마음, 하나님의 말씀을 쌓는 새로운 토대를 소유한 사람은 마침내 하나님이 원하시는 대로 행한다. 이는 오직 하나님의 은혜로만이 가능한 일이다. 은혜는 관념적이거나 이론적이지 않다. 은혜는 실천적이며, 성령으로 말미암아 우리를 하나님의 뜻 가운데서 행하게 하시므로 맺어지는 역동적 관계이다.

옛 언약은 필연적으로 '복종해야 할' 성문 율법들에 기초하고 있으나, 새 언약은 반드시 '따라야 할' 성령을 우리에게 부어 주신다는 데 근거를 두고 있다. 이 사실을 이해한다면, 당신은 이 세상에서 가장 행복한 사람이 될 것이며 새로운 삶을 삶게 될 것이다.

● 성령, 하나님의 뜻 전부

성령님은 옛 언약처럼 하나님의 뜻의 일부가 아닌, 전부이다. 옛 언약 아래서 사람들은 도적질하지 말라, 간음하지 말라, 거짓말하지 말라는 명령을 들어야 했다. 오순절 날, 베드로는 새로운 구절들과 전과는 다른 명령들이 적힌 두루마리를 받지 않았다. 제자들은 예수님이 약속하신 대로 아버지의 약속의 영을 받았던 것이다.

예수님은 여러 차례 이 약속에 대해 말씀하셨다.

"보혜사 곧 내 아버지께서 내 이름으로 보내실 성령 그가 너희에게 모든 것을 생각나게 하시리라"(요 14:26).

성령을 받았을 때 그들의 모든 삶이 변화되었다. 율법이 요구하는 것 이상의 삶을 살기 시작했다. 이 얼마나 놀라운 일인가! 자기 소유를 서로서로 나누었고, 서로 사랑하고 핍박받을 때도 기뻐하였다. 그들은 성경책도, 주일 학교 공과도, 녹음기도 없었다. 하나님의 영이 주신, 하나님의 법도 가운데 행할 수 있도록 하는 새 마음이 자연스럽게 일으키는 믿음이 전부였다. 채찍으로 맞고 착고에 채워져 감옥에 갇혔어도 찬양할 수 있었던 이유도 바로 믿음의 힘이었다.

그러면 초대 교회에서 새 마음이 일으키는 자연스러운 결과들은 무엇이었는지 살펴보자.

"너희는 우리로 말미암아 나타난 그리스도의 편지니 이는 먹으로 쓴 것이 아니요 오직 살아 계신 하나님의 영으로 한 것이며 또 돌비에 쓴 것이 아니요 오직 살아 계신 하나님의 영으로 한 것이며 또 돌비에 쓴 것이 아니요 오직 육의 심비에 한 것이라 우리가 그리스도로 말미암아 하나님을 향하여 이 같은 확신이 있으니 우리가 무슨 일이든지 우리에게서 난 것같이 생각하여 스스로 만족할 것이 아니니 우리의 만족은 오직 하나님께로서 났느니라 저가 또 우리로 새 언약의 일꾼 되기에 만족게 하셨으니 의문으로 하지 아니하고 오직 영으로 함이니 의문은 죽이는 것이요 영은 살리는 것임이니라"(고후 3:3-6).

당신과 나는 성령에 의해 쓰여진, 세상으로 보내지는 그리스도의 편지이다. 이것이 바로 아버지의 약속이다.

새 언약의 사환 노릇만 하려고 드는 한 성령의 편지를 쓸 수 있다. 또 옛 언약의 사환 노릇을 한다면 마음이 아닌 겨우 종이 위에 성령의 편지를 쓸 수 있다. 어떤 신학교, 혹은 성경 연구소라도 의문(儀文), 옛 언약의 일꾼을 만들 수 있다. 새 언약 아래서 일하는 성령의 일꾼은 오직 하나님만이 만드신다. 성령의 사역은 성령을 부어 주시는 것이지 "율법의 명령을 보고 그것을 행하라"고 말씀하는 것이 아니다.

모든 그리스도인들은 자문해 보아야 한다.

"나는 과연 어떤 일을 하고 있는가? 죽이는 의문인가, 아니면 살리는 영인가?"

지난 여러 해 동안 사람을 죽이는 일을 했음을 고백한다. 나는 의문으로써 정죄하는 일을 했다. 나름대로는 신실하게 최선이라고 여기며 행했지만, 사역의 대부분이 바로 옛 언약에서 벗어나지 못했던 것이다.

의문을 위해 일하면 이는 죽이거나 저주하는 것과 다름없으며, 성령을 위해 봉사하면 생명을 주는 일을 하는 것이다. 즉 사람들에게 하나님의 뜻을 행할 능력을 주는 것이다. 이것은 새 언약 안에 있는 성령을 주시겠다는 아버지의 약속이 우리들에게 던지는 도전이다.

아버지의 약속 – 새 능력

하나님의 나라는 말에 있지 아니하고 오직 능력에 있음이라.

―고전 4:20

성경 구절들을 많이 알고 그 구절들을 막힘없이 설명할 수 있는 사람이 유능한 교사, 또는 신령한 평신도로 꼽히는 것 같다. 그러나 성경 구절을 많이 알고 잘 설명한다고 해서 유능하거나 신령한 것은 아니다. 성경을 아는 지식을 평가 절하하는 것이 아니다. 오히려 이 귀한 말씀이 가장 빛을 발할 수 있는 곳에 놓이는 것을 원하기 때문에 이 이야기를 거론하는 것이다. 탁자 아래 촛대를 두면 아무도 불빛을 보지 못한다. 그래서 이번에는 눈앞에 바짝 대 놓는다면? 눈을 크게 다칠 것이다. 이처럼 촛대는 탁자 가운데 자신이 있어야 할 자리에 있어야 한다.

성경을 침대 아래 두는 것은 옳지 않다. 또 성경을 성령님 위에 둔다면 그것도 잘못되었다. 하나님께서 원하시는 곳에 성경을 두자. 성경은 우리를 참 진리로 인도한다. 그래서 성경을 읽으면 읽을수록 성경이 무엇을 말씀하시고자 하는지 더 깊이 빠져들게 된다.

● 성경이 아닌 성령을 위해

성경은 하나의 수단이지, 목적 자체는 아니다. 그런데 우리 가운데 많은 사람들이 성경을 우상으로 만들었다. 동방박사들이 예수님 대신 별을 경배하였다면, 그들은 우상을 하나 만들고 말았을 것이다. 별은 그들을 예수님께로 인도하는 도구요, 실체의 그림자이였을 뿐이고, 동방박사들은 이를 알았다.

아직도 옛 언약에 매인 일꾼들이여! "슬플 때는 시편 23편을 읽으라", 또는 "문제가 있을 때는 시편 46편을 읽으라"는 '조언'까지 아끼지 않는 새로운 신약 성경이 등장했다.

바울이 그림자가 증거하는 실상이신 분(the Reality)을 드러냈다면, 우리는 실상을 덮는 그림자를 더 짙게 하고 있다. 그림자를 따라가면, 실상에 도달하게 된다. 즉, 성경의 가르침을 따라가면, 실상에 도달하게 될 것이다.

우리는 성령님, 곧 실상을 위해 봉사해야 한다. 평안에 '관해서(about)' 말씀하는 성경 구절을 들먹이는 것은 벌써 그림자를 위해 사역하는 것이나 다름없다. 그러나 사람들에게 평안을 '끼친다면', 이는 실상을 위해 일하는 것이다. 실상을 보이는 것은 성령을 따를 때만 가능하다.

예수님은 70인을 파송하시면서 다음과 같이 말씀하셨다.

"어느 집에 들어가든지 먼저 말하되 이 집이 평안할지어다 하라 만일 평안을 받을 사람이 거기 있으면 너희 빈 평안이 그에게 머물 것이요 그렇지 않으면 너희에게로 돌아오리라"(눅 10:5-6).

제자들은 평안에 대한 성구를 들먹이지 않았다. 그들이 평안 그 자체였다.

● 사랑을 실행하라

새 언약은 사랑에 대해 '이야기를 늘어놓는' 대신, 사랑을 실행한다. 사랑, 희락, 화평, 인내, 자비, 양선, 충성, 온유, 절제로 나타나는 성령의 열매를 율법과 비할 수 없다. 실로 사랑은 율법의 완성이다. 사랑을 소유했다면 그 나머지 열매 역시 가진 것과 마찬가지이다. 성령의 열매는 새 언약의 열매이다.

평안 혹은 사랑에 대해서 '이야기만 늘어놓고' 평안과 사랑에 관해 말씀하는 성경 구절만 들먹인다면, 이는 평안과 사랑의 그림자를 위해 일하는 것이다. 하지만 평안을 '끼치고' 사랑을 '행하면' 사랑과 평안의 실상을 드러내는 것이다.

새 언약과 옛 언약의 차이는 이것이다. 의문(儀文)은 실상의 그림자요,

영은 실상이다. 옛 언약 아래서 실상은 두터운 휘장 뒤에 가려져 있었다. 휘장 뒤에는 언약궤가 있었고, 언약궤 안에는 아론의 지팡이가 있었다. 아론의 싹이 난 지팡이는 새 언약의 권위 회복을 상징한다. 이는 앞서 언급한 총체적 율법이다.

"칠 주의! 만지지 마시오."

이것이 율법이다. 그러나 살다 보면 우리도 모르게 만지게 되고 만다. 율법은 "쓰레기를 버리지 마시오"라고 말하지만, 우리는 쓰레기를 버린다. 율법은 선하다. 그러나 율법은 해서 안 되는 일을 자행하는 우리 의지를 막지 못한다. 그러나 성령님께서는 우리가 새 언약의 율법을 완성시킬 수 있도록 도우신다.

"그러므로 이제 그리스도 예수 안에 있는 자에게는 결코 정죄함이 없나니 이는 그리스도 예수 안에 있는 생명의 성령의 법이 죄와 사망의 법에서 너를 해방하였음이라 율법이 육신으로 말미암아 연약하여 할 수 없는 그것을 하나님은 하시나니 곧 죄를 인하여 자기 아들을 죄 있는 모양으로 보내어 육신에 죄를 정하사 육신을 좇지 않고 그 영을 좇아 행하는 우리에게 율법의 요구를 이루어지게 하려 하심이니라"(롬 8:1-4).

이것이 새 언약이다. 문제는 당신이 계속해서 옛 언약 아래서 살기 원하느냐 그렇지 않느냐이다. 그러나 지금은 성령님께서 새 언약의 권위 회복을 위해 일하고 계신다. 그리스도의 머리 되심(headship)이 교회 안에서 회복되고 있다. 그분은 항상 머리이셨지만, 우리가 머리이신 그분께 항상 붙어 있지 못했다. 찬양과 경배가 회복되고 있다. 또한 성령의 은사들이 회복되고 있다. 여러 회복되는 것 가운데서도 가장 놀라운 것은, 확연하게 드러난 아버지의 약속 즉, 새 언약이다.

● 내 입맛대로 보는 성경?

이단은 성령의 인도를 받는 사람에 의해 제창되는 법이 없다. 성경을 연구하되 그릇 적용하는 사람들이 이단을 만들어 낸다. 그리고 거의 일 년 내내 성경적임을 주장하면서 나오는 새로운 교파의 출현 소식을 듣는다. 성경 자체는 위험하지 않다. 나는 누구보다 성경의 적용을 확신하는 사람이다. 따라서 새 언약은 영이요, 옛 언약은 의문이라는 선언을 두고 어떤 사람들은 반기를 들지도 모른다.

우리는 성령의 말씀과 생명에 대하여 말해야 하되, 문자만을 되풀이해서 읊어서는 안 된다. 말씀대로 따라 살기 위해서는 예수님이 우리 안에 허락하신 생명을 통해서만 가능하다. 예수님은 말씀하셨다.

"나를 믿는 자는 성경에 이름과 같이 '그 배에서 생수의 강이 흘러나리라' 하시니 이는 그를 믿는 자의 받을 성령을 가리켜 말씀하신 것이라…"(요 7:38-39).

이것이 아버지의 약속이다. 생수의 강이 '안으로부터' 넘쳐 날 것이다. 성경을 읽음으로, 성경을 이루려고 노력함으로도 아니다. 한 잔의 물이 우리 배에서 흐른다 해도 놀랄 일이려니와, 그 배에서 강이 흘러나리라는 것은 더욱 놀라운 일이 아닐 수 없다.

충만한 아버지의 약속은 오순절파 형제들(나도 이 파에 속해 있다)에게서 물려받은 '작은' 성령 세례에 비할 바가 못된다. 20세기 초반 성령님께서 교회 안에서 다시 강하게 역사하시사 오순절파 사람들은 성령의 역사에 대한 믿음을 나타내기 위해 파를 만들었다. 그리고 그들은 이제 막 회복되기 시작한 경험을 모든 사람들에게 획일적으로 요구하였다. 그들이 이같이 말하였다(그분의 교회에 관한 언급에서).

"우리는 사도행전 2장 4절이 증거하는 성령 세례를 믿습니다."

사도행전 2장 4절만 믿는다면, 이 구절만 받아들이는 것이다. 사도행전 5장 6-8절, 31-33절 말씀은 버려도 좋은가? 가진 것을 팔아 서로 나누던 것에 대해서는 어떻게 보는가? 오순절파 사람들은 이런 구절은 그다지 신경 쓰지 않는데, 이것이 바로 문제이다.

나는 자문해 보았다. "여러 해 동안 그렇게 많이 '사도행전 2장 4절을 믿습니다'라고 말하면서도, '창세기부터 계시록까지를 모두 믿습니다'라고 말해 오지 않은 이유가 무엇인가?"

당신이 오순절파 교인이라면, 사도행전 2장 4절을 읽고 이렇게 고백하게 되기를 원한다. "창세기에서부터 요한계시록까지 모든 성경이 증거하는 성령 세례를 믿습니다." 사도행전 2장 4절은 전체 아버지의 약속 가운데 지극히 작은 부분일 뿐이다.

그러나 20세기에 하나님께서 오순절 교회를 들어 쓰셨음은 부인할 수 없다. 또한 남미에서 가장 빠르게 성장한 교파가 오순절파임도 부인할 수 없다. 오순절파는 오랫동안 감추어져 왔던 '무엇'에 빛을 비추었다. 오순절 교회는 성령 은사의 유용성을 오늘날 다시금 강조하는 공헌을 했다.

한 가지 유감스러운 것은 한 사람이 어떤 한 가지 교리에 바탕해서 교파를 만들 때, 다른 교리들을 쉽게 잃어버린다는 점이다. 진리는 예수님과 보편적인 교회 안에 있지, 특정 교회에만 있지 않다.

예수님은 퍼즐 조각과 같이 교회 지도자들을 주셨다. 지도자들 각자가 다른 지도자들과 짝을 맞춘다면 전체 그림을 볼 수 있다. 즉, 특별한 경험을 하고 오직 그것 하나만 생각하며 교파를 만드는 사람은 그릇된 길로 가는 것이다.

루터를 파문한 가톨릭 교회는 실수를 범했다. 루터의 충고를 들었다면, 그 옛날 가톨릭 교회는 새로워질 수 있었다. 가톨릭 교회의 교훈과 일치하지 않는다고 해서 얼마나 많은 신앙의 자식들, 모(母) 교회에 충성을 다하던 자식들이 쫓겨났는가?

그런데 오늘날 우리 복음주의자들이 같은 실수를 저지르고 있다. 우리처럼 사고하는 사람들하고만 교류한다. 그러나 주의하라. 만약 오순절파 사람들이 방언에 치중한 만큼 사랑을 실천했다면, 금세기 역사는 달라졌을 것이다. 오순절 교회가 갈라디아서 5장 22-23절이 말씀하는 성령의 열매를 방언보다 더 강조했다면, 오순절 교회가 특히 제3세계 국가에서 거둔 성공을 생각해 볼 때 분명 온 세상이 변혁되었을 것이다.

우리는 성령으로 시작해서 의문으로 마치며, 우리끼리 분쟁한다.

그러면 아버지의 약속과 대조되는 '작은' 성령 세례는 무엇인가? 방언으로 주님을 예배하는 일은 분명 좋은 일이다. 하지만 이것이 곧 아버지의 약속은 아니다.

우리가 맛본 경험은 발목에 차는 강물 같은 것이다. 물론 사막에서 오랫동안 갈증에 시달려 온 사람이 이 정도 물속에 들어섰다면, 이것만으로도 충분히 만족할 수 있다. 그러나 거기서 만족하면 더 깊은 물을 찾아 떠나지 않는다. 아이들에게 "강에 가자"고 하는 것은 강변에 가자는 말이지만, 하나님께서 "강에 가자"고 말씀하시는 것은 깊은 곳으로 가자는 뜻이다.

가끔 부흥사가 와서 그 물에서 철벅거릴 수 있도록 돕는다. 그러면 우리는 온통 물을 튀기면서 "부흥!(Revival), 부흥!" 하고 외쳐 댄다. 그러나 그가 가고 나면 여전히 발목까지 오는 물에 서 있다. 이러한 경험을 숱하게 해 왔을 것이다.

이제는 바닥에 발이 닿지 않을 때까지, 강물에 잠겨 버릴 때까지 깊은 데로 들어가야 한다. 강은 곧 새 언약이다.

성경에는 단 한 가지 약속만이 있다. 아버지의 약속인 성령님이 바로 그 약속이다. 다른 모든 약속은 이 약속에 종속된다. 주님의 인자하심을 찬양하자. '작은' 성령 세례까지도 귀하게 여기는 것을 보시면, 하나님은 성령 세례의 진면목을 우리에게 보여 주실 것이다.